Religion und Kulturkritik

Thomas M. Schmidt / Matthias Lutz-Bachmann (Hrsg.)

Religion und Kulturkritik

Einbandgestaltung: Peter Lohse, Büttelborn.

Die Deutsche Bibliothek verzeichnet diese Publikation
in der Deutschen Nationalbibliografie;
detaillierte bibliografische Daten sind im Internet über
http://dnb.ddb.de abrufbar.

Die Herausgabe des Werkes wurde durch
die Vereinsmitglieder der WBG ermöglicht.
Gedruckt auf säurefreiem und alterungsbeständigem Papier
Printed in Germany

Besuchen Sie uns im Internet: www.wbg-darmstadt.de

ISBN-13: 978-3-534-19834-4
ISBN-10: 3-534-19834-4

Inhalt

Vorwort

Die hier versammelten Beiträge behandeln das Thema *Religion und Kulturkritik* aus den unterschiedlichen Perspektiven von Philosophie und Soziologie, der Kulturwissenschaften sowie der jüdischen und christlichen Theologien. Sie zeigen, dass Religion und Kultur mehr denn je in einem anregenden und spannungsreichen Verhältnis wechselseitiger Kritik und Aufklärung stehen.

Die Vorträge gehen zum überwiegenden Teil zurück auf eine internationale Konferenz „Religion in Dialogue between Science, Traditions, and Plural Cultures" an der Boston University, die wir in Zusammenarbeit zwischen der Boston University und dem Institut für Religionsphilosophische Forschung der Johann Wolfgang Goethe-Universität, Frankfurt am Main, mit Unterstützung des Goethe-Instituts Boston durchgeführt hatten. Wir danken dem Präsidenten der Boston University, Herrn Kollegen John Silver, sowie dem Provost, Herrn Dennis D. Berkey, Frau Dr. Claudia Hahn-Raabe, Goethe-Institut, für die erfolgreiche Kooperation. Ursula Johannsen und Sebastian Schüler danken wir sehr herzlich für die tatkräftige Unterstützung bei der Erstellung dieses Bandes.

Thomas M. Schmidt
Matthias Lutz-Bachmann

Einleitung

MATTHIAS LUTZ-BACHMANN/THOMAS M. SCHMIDT

Religion und Kultur stehen häufig in einem Verhältnis wechselseitiger Kritik. Dies zeigt sich nicht erst seit den aktuellen Geschehnissen eines „Kampfes der Kulturen“, der sich als `Bilderstreit´ über religiöse Darstellungsformen entlädt. Schon seit der Antike stehen beide Bereiche in einem Spannungsverhältnis. Mit der europäischen Aufklärung etablierte sich dann das für die „westliche“ Kultur prägende Verständnis von zwei anscheinend voneinander getrennten Wirklichkeitsbereichen. Ausgehend von der Religionskritik der Aufklärung wurde Religion oft zum Gegenstand der Kritik einer von der Rationalität wissenschaftlicher und öffentlicher Diskurse geprägten säkularen Kultur. Entwicklungen in der religiösen Gegenwartskultur verweisen aber auch auf den umgekehrten Fall, der Kritik der Kultur durch Religion. Dabei ist nicht nur an die extreme Variante einer Kritik der „westlichen“ Kultur durch islamistische Gruppen zu denken. Auch wenn Religion *als* Kulturkritik gegenwärtig vor allem in fundamentalistischen Erscheinungsformen wahrgenommen wird, so erschöpft sie sich bei weitem nicht darin. Auch „moderate“, der Gegenwartskultur keineswegs feindlich gesonnene religiöse Gemeinschaften gewinnen durch den Rückbezug auf ihre Überlieferung die Schlagworte und Argumente für eine Kritik an einer als einseitig empfundenen Modernisierung und Säkularisierung der Kultur.

Die Kulturkritik der Religionen kann sich, wie Joachim Track prägnant formuliert, sowohl in ihren Gewalt- als auch Friedenspotentialen ausdrücken.[1] Für Track bedeutet die Übernahme der wissenschaftlich-technischen Zivilisation und westlicher Wirtschaftsformen eine Steigerung der Individualisierung, nicht der Humanisierung. Mit dieser Haltung steht Track in der Tradition Schleiermachers und dem Kulturprotestantismus Albrecht Ritschls (1822-1889). Ritschl ging es vor allem um die Relevanz des Individuums für seine Gesellschaft. Diese spezifisch protestantische Verhältnisbestimmung zwischen Christentum und Kultur wurde später von Martin Rade (1857-1940) weitergeführt und sollte „die Freiheit des Evangeliums“ als „Orientierungsimpuls“ in die Welt der Naturwissenschaft und Technik, der Geschichte und Kunst, der Moral und der Politik tragen. Die Aufmerksamkeit des Kulturprotestantismus richtete sich damit vor allem auf die Sozialpolitik ihrer Zeit und äußerte sich in ihrer Intenti-

---

[1] Joachim Track, „Kampf der Religionen? Das Gewalt- und Friedenspotential der Religionen“, in: Wolfgang Stegemann (Hrsg.), *Religion und Kultur. Aufbruch in eine neue Beziehung*, Stuttgart 2003.

on einer umfassenden Kulturgestaltung. Die kulturkritischen Aspekte der Theologie und Philosophie erstrecken sich aber auch bis in die Bereiche der Naturwissenschaften. Die aktuellen, äußerst publikumswirksamen Debatten mit der Neurobiologie über den „freien Willen“ des Menschen sind ein Beispiel dafür. Auch Diskussionen zur Bioethik, Genforschung, Kosmologie und Ökologie ziehen immer öfter theologisch bzw. religiös fundierte Stellungnahmen heran, um die Grenzen des technisch Machbaren gegen die Grenzen des Humanen abzustecken. Kulturkritik wird hier zu einer Form von Wissenschaftskritik, welche die Wissenschaftsgläubigkeit der Gesellschaft hinterfragen soll.

Religion und Religionen weisen also ein vielfaches kulturkritisches Potential auf, das sich zum einen als intrareligiöse Kritik auf die eigene Tradition beziehen kann und zum anderen als interreligiöse Kritik gegen andere Glaubenstraditionen eingesetzt wird. Darüber hinaus kann sie sich als religiöse Kritik eben auch auf kulturelle Phänomene der eigenen Gesellschaft beziehen, die nicht nur als a-religiös, sondern als inhuman empfunden werden. Diese vorläufige Feststellung kann aber nur in einem reflektierten Kontext von Religionen verstanden werden.

In einer zunehmend pluralisierten Moderne lassen die Begriffe Religion und Kultur genau genommen nur noch den *Plural* zu. Kultur*en* und Religion*en* führen allgemein ein ambivalentes Dasein zwischen Einheitlichkeit und Vielfalt, Inklusivismus und Exklusivismus, Alltagsverständnis und wissenschaftstheoretischer Metasprache. Angesichts dieser Mehrdeutigkeit muss gerade der europäische Religionsbegriff in seinen begriffsgeschichtlichen Explikationen als systematisch operationalisierter Diskursbegriff reflektiert werden. Insbesondere in Wissenschaftsdiskursen herrscht keine Einheit im Umgang mit den Begriffen „Religion“ und „Kultur“, da so unterschiedliche Disziplinen wie Theologie, Kulturwissenschaft, Philosophie, Religionswissenschaft auf ihre je eigene Art und Weise ihren Gegenstand bestimmen. Daher erscheint auch der Begriff der Kulturkritik nicht einheitlich. Im weitesten Sinne meint dieser die Kritik an einer als „Entfremdung“ empfundenen Entwicklung der jeweilig als Kultur gefassten Einheit, von ihrem durch die Kritiker postulierten ursprünglichen Sinn.

Damit wird die Frage nach *einer* Identität von Kultur aufgeworfen. Religion kann identitätsstiftende Elemente einer solchen gesuchten Einheit und Identität von Kultur bereitstellen. So bedienen die zivilreligiösen Aspekte einer politischen Kultur in ihrer stabilisierenden Funktion die Voraussetzungen eines demokratischen Gemeinwesens. Kulturkritik ist somit nicht nur Ideologiekritik, sondern auch Identitätskritik und muss in Zeiten zunehmender Globalisierung und Pluralisierung von Lebenswelten differenziert verortet werden.

Das Spannungsverhältnis von Religion und Kultur bildet den Gegenstand interreligiöser und interkultureller Dialoge. Die unterschiedlichen Formen des Dialogs zwischen Religionen und Kulturen finden dabei sowohl auf „direktem Weg“ zwischen Vertretern der Religionen statt, als auch auf einer etwas abstrakteren Ebene, als ein theoretischer Dialog, der die erkenntnistheoretischen Grundlagen eines realen gesellschaftlichen Dialogs klären soll. Insbesondere der philosophische Diskurs spielt hier eine tragende Rolle. „Interkulturelle Philosophie“[2] beispielsweise kann in solchen konfliktträchtigen Bereichen Übersetzungshilfe leisten. Allerdings kann die Philosophie nicht nur als Orientierungswissenschaft, sondern selbst als Kulturkritik im Wissenschaftsdiskurs auftreten.

Ein ähnlich ambivalentes Verhältnis führt die Religionswissenschaft ins Feld des Dialogs der Religionen und dessen kulturkritischer Potentiale. Sie kann aufgrund ihrer disziplingeschichtlich gewachsenen Rolle des neutralen Beobachters als vermittelnde Instanz den Dialog der Religionen begleiten, aber niemals selbst zum Dialogpartner avancieren. Als kulturwissenschaftliche Disziplin mit ihrem stets eigenen Nimbus und Gegenstandsbereich stellt sich der Religionswissenschaft die Frage nach Kulturkritik vorwiegend in der Auseinandersetzung mit ihrer eigenen Geschichte.[3] Die Rezeption religionswissenschaftlicher Ergebnisse durch den kulturellen bzw. öffentlichen Kontext kann hingegen auch gegenwärtig die Form von Kulturkritik annehmen. Wertneutrale Aussagen können zur Fundierung bestimmter Positionen genutzt und damit ihrem ursprünglichen theoretischen Kontext entrissen werden. Somit muss auch die Religionswissenschaft sich ihres – wenn auch nicht immer intendierten – kulturkritischen Potentials bewusst bleiben.

Schließlich bezieht auch die Theologie, insbesondere in ihrer Form als interkulturelle Theologie, einen vermittelnden Standpunkt zwischen religiösen und kulturellen Differenzen. Der globale Kontext erfordert schon länger eine Repositionierung der Theologie gegenüber anderer Glaubensvorstellungen und Weltanschauungen. Das Christentum ist auch in Europa schon lange nicht mehr, bzw. war nie isoliert von den Einflüssen anderer religiöser Denkrichtungen. Aber die zunehmende religiöse Pluralität verlangt von der Theologie neue Kompetenzen bei interkulturellen Fragestellungen.

Religion und Kulturkritik bilden somit eine interdisziplinäre Diskurseinheit, die auch zukünftig von immer größerer Bedeutung sein wird und nichts von ihrer Aktualität verliert, wie die Beiträge dieses Bandes dokumentieren. Die Wech-

---

[2] Vgl. Ram Adhar Mall, *Intercultural Philosophy*, New York/Oxford 2000.

[3] Vgl. Kippenberg, Hans G./Luchesi, Brigitte, (Hrsg.), *Religionswissenschaft und Kulturkritik*, Marburg 1991.

selwirkungen zwischen Religion und Kultur untersucht der Religionswissenschaftler *Volkhard Krech* in seinem Beitrag aus religionssoziologischer Sicht. Er unterscheidet dazu vier primäre Ansätze von Kulturkonzepten, die er nacheinander vorstellt und diskutiert. Die *genealogischen* Ansätze stehen dabei wissenschaftsgeschichtlich am Anfang und finden sich vor allem in den Kulturtheorien des 19. Jahrhunderts. Weiter über den *wertphilosophischen* Ansatz im Neukantianismus erarbeitet Krech die *philosophisch-anthropologischen* Ansätze von Georg Simmel bis Clifford Geertz und endet mit der *Kommunikationstheorie* bei Jan Assmann und Niklas Luhmann. Er sucht in seinen Ausführungen die bestehende Differenz von Einheit und Differenz aufzuzeigen, die Religionen und Kulturen charakterisieren.

Mit der Frage nach dem Ort religiösen Glaubens in der Kultur einer pluralistischen Gesellschaft setzt sich *Thomas M. Schmidt* in seinem Artikel „Vernünftiger Pluralismus – gerechtfertigte Überzeugungen" auseinander. Eine Folge des religiösen Pluralismus ist die Frage nach neuen Standards der Rechtfertigung von Überzeugungen und erfordert daher epistemische Kriterien eines vernünftigen Pluralismus. Diese Idee findet sich in der Konzeption eines „Politischen Liberalismus" bei John Rawls, den er auf einen „politischen" Begriff der Gerechtigkeit – im Gegensatz zu einem metaphysischen - gründet. Die Herausforderung einer solchen freistehenden Gerechtigkeitskonzeption, die zentralen Werte wie Freiheit und Gleichheit als konstitutive Elemente einer Gesellschaft voraussetzt, muss sich nun anhand der notwendig geteilten Akzeptanz dieser Werte unterschiedlicher religiöser Überzeugungen beweisen. Thomas Schmidt führt diese Konzeption mit Plantinga und Wolterstorff auf den Prüfstein der Rationalität religiöser Überzeugungen und analysiert so die unterschiedlichen Arten ihrer Begründung.

Matthias Lutz-Bachmann arbeitet in seinem Artikel „Über das Verhältnis von Kulturkritik und Religion" den Beitrag der Kritischen Theorie Max Horkheimers und Theodor W. Adornos für eine philosophische Kulturkritik heraus. Die Philosophie „nach der Religionskritik" muss demnach in ein neues Verhältnis zur Religion treten. Kulturkritik als Philosophie wird erst durch eine Repatriierung von Religion und ihren philosophischen Wahrheiten möglich. Über den Begriff der „Kulturindustrie" kommt Lutz-Bachmann mit Adornos dialektischen Kulturtheorie und Horkheimers Ansatz einer vernunftkritischen Philosophie, zu einer philosophischen Kulturkritik, die die Reflexion über das Verhältnis von Philosophie und Religion ermöglichen soll und somit als ein neues Paradigma verstanden werden kann.

Friedo Ricken widmet sich in seinem Beitrag „Religion als Kulturkritik" der Frage, wie sich Religion in eine Gesellschaft inkulturieren kann, wenn diese den religiösen Glauben zunehmend marginalisiert? Ricken platziert somit den religiösen Glauben in das Spannungsfeld zwischen Inkulturation und Inkulturationsverweigerung und sucht abschließend nach einer Verbindung. Dazu kontrastiert er John Deweys pragmatistische Theorie religiösen Glaubens von der Kultur her mit Blaise Pascals Deutung der Kultur vom religiösen Glauben her. Abschließend zeigt Ricken mit Thomas von Aquin einen dritten, verbindenden Weg auf, der die gegenseitigen Bedingungen von Kultur und religiösem Glauben betont und darin der Kultur die Möglichkeit gibt, durch Glaube sich selbst bewusst zu werden.

Matthias Jung untersucht in seinem Beitrag „Kognition – Emotion – Rationalität" den Zugang einer pragmatischen Hermeneutik zum Gegenstand religiöser Erfahrung. Die Pluralisierung von Lebenswelten und die damit einhergehende Vielfalt religiöser Deutungsmöglichkeiten, führen zu neuen Bewältigungsstrategien erlebter Kontingenz, indem Individuen ihre gelebten Erfahrungen als normative Messlatten an die Realität anlegen. Eine religionsphilosophische Reflexion soll eine *Theorie religiöser Erfahrung* liefern, die als *pragmatische* Hermeneutik Überzeugungen in ihren Handlungszusammenhängen sieht, die der Handlungsorientierung dienen. Die Sinnstruktur religiöser Erfahrung kann demnach nur in ihrer Artikulation gefasst werden, denn in dieser bildet das Individuum sein Selbst. In seiner Analyse der religiösen Bildung des Selbst, versucht Jung kognitive und emotionale Elemente zu verbinden und entfaltet diese in vier Schritten zu einem möglichen Geltungsmodus religiöser Erfahrung in einer pluralisierten Welt.

Der Philosoph *Robert Audi* unterscheidet in seinem Beitrag in diesem Band die beiden Bereiche der wissenschaftlichen Erkenntnis und des religiösen Fundamentalismus als grundlegend. Um die Möglichkeit zu erwägen, wissenschaftliche und religiöse Perspektiven auf die Welt in Einklang zu bringen, unternimmt er in seinen Ausführungen den Versuch der Unterscheidung und Annäherung von einer „wissenschaftlichen Geisteshaltung" und dem „philosophischen Naturalismus". Beides überführt er in einen theologischen bzw. ethischen „Nonkognitivismus" und eröffnet damit ein Spannungsfeld, dass sich klar gegen eine dogmatische Haltung ausspricht.

Robert Neville analysiert das pluralistische Nebeneinander von „Religionen in einer Welt vieler Kulturen". Er macht zunächst darauf aufmerksam, dass Religionen immer schon durch unterschiedliche Kulturen determiniert wurden und gerade im Zeitalter der Globalisierung die Pluralität der Kulturen in ihre Identität aufgenommen haben. Mit Paul Tillich fragt er anschließend nach der Rolle des Absoluten als einerseits konkretem und andererseits als abstraktem Symbol. Religiöse Überzeugungen bedürfen nach Tillich immer einer symbolischen Konkretheit, die das Absolute in das Spannungsfeld historischer Relativität versetzt. Neville verortet das Absolute als eine Dimension von Realität, die sich gerade erst in dieser Spannung zeigt.

Hanna Kassis stellt in seinem Beitrag mit dem Titel: „Können sich der Islam und der Westen versöhnen?" die Entwicklung der Koexistenz von Christentum und Islam in den Mittelpunkt seiner Fragestellung. Um der Möglichkeit einer Versöhnung näher zu kommen müssen zunächst die historisch trennenden Faktoren benannt werden. Er versucht daher deutlich zu machen, dass der Islam in seinem ersten Kontakt mit der christlichen (abendländischen) Welt Angst durch Unwissenheit auslöste und dass dies immer noch der Fall ist. Auch Unstimmigkeiten in den religiösen Überzeugungen werden sich nicht auflösen lassen. Er appelliert aber sowohl an den Westen, als auch an den Islam, dass das Glaubensbekenntnis eine Öffnung zum anderen sein kann und kein „Käfig" und damit die „Versöhnung" von unseren vernünftigen Entscheidungen abhängen.

In Ergänzung bezieht sich der Aufsatz von *Gabriel Motzkin* „Die Religion im Dialog mit ihrer eigenen Tradition" speziell auf einen Vergleich von Judentum und Christentum. Eine Religion, die in einen Dialog mit ihrer eigenen Tradition treten möchte, muss zunächst davon ausgehen, dass eine Unterscheidung zwischen Jetzt und Einst Sinn macht. Auch Judentum und Christentum stehen nach Motzkin dieser Herausforderung gegenüber, wenn sie versuchen zugleich historisch und ewig zu sein. Diese Form des Dialogs beinhaltet einen fiktiven Moment. Dem Judentum wird seine eigene Tradition zum Gedächtnis, dem Christentum zum Gründungsakt und die jeweiligen Dialoge lassen sich nach Motzkin im Umgang mit der Immanenz und Transzendenz Gottes charakterisieren.

Der Philosoph *Ludger Honnefelder* widmet sich in seinem Beitrag „Der Dialog der Religionen und das Verhältnis jeder Religion zu ihrer eigenen Tradition" insbesondere dem Christentum in seiner römisch-katholischen Gestalt. Ausgehend von einer anthropologischen Bedeutung von *Tradition* entwickelt er fünf Thesen, in welchen er die Rolle der christlichen Religion im Überlieferungsprozess ihrer eigenen Tradition skizziert. Für diesen spezifischen Fall hält er fest, dass Tradition in Offenbarungsreligionen notwendigerweise Elemente theologischer Reflexion einschließt. Abschließend fragt Honnefelder nach den Implikationen und Konsequenzen dieser Feststellung in Bezug auf Religionen und kulturelle Traditionen im Allgemeinen und gibt mit vier kurzen Ausblicken weiteren Raum für Diskussion.

Religion und Kultur. Überlegungen zu ihrem Wechselwirkungsverhältnis aus soziologischer Sicht[1]

VON VOLKHARD KRECH

Die Beantwortung der oder auch nur die Annäherung der Frage nach dem Verhältnis von Kultur und Religion hängt naturgemäß sowohl vom verwendeten Religionsbegriff als auch vom gewählten kulturtheoretischen Bezugsrahmen ab. Wir haben es allerdings mit zwei prekären Begriffen zu tun. Beide, Religion und Kultur, haben die Neigung, entweder unterbestimmt oder überdeterminiert zu sein und tendenziell inflationär gebraucht zu werden. Es liegt daher nahe, den Religions- und Kulturbegriff nicht jeweils für sich thematisieren, sondern beide durch ihren wechselseitigen Bezug aufeinander zu erhellen. Dabei gehe ich von der allgemein geteilten Prämisse aus, dass Religion ein Teilelement von Kultur ist. Deshalb werde ich meine Überlegungen primär am Kulturbegriff orientieren und verschiedene soziologische und sozialphilosophische Kulturkonzepte diskutieren und sie auf ihre religionstheoretischen Implikationen befragen.

Im Folgenden unterscheide ich vier Kulturkonzepte, die m.E. – zumindest für die Soziologie – von paradigmatischer Bedeutung sind (es geht also selbstverständlich nicht darum, sämtliche Kulturtheorien vollständig zu erfassen):

1) *genealogische* Ansätze, die Kultur zunächst aus der Religion ableiten und Religion dann wieder auf die säkularisierte Kultur beziehen (Kulturtheorien des 19. Jh.s),

2) *wertphilosophische* Ansätze, die Kultur als Zusammenspiel verschiedener Wertsphären konzipieren (Neukantianismus),

3) *philosophisch-anthropologische* Ansätze, die Kultur als Gesamtheit aller symbolischen Formen begreifen, die persönlichkeitskonstitutiv sind und den Menschen zur Freiheit befähigen (Georg Simmel, Ernst Cassirer, philosophische Anthropologie, Thomas Luckmann, Clifford Geertz),

4) *kommunikationsorientierte* Ansätze, die Kultur als Gedächtnis und Innovationspotential gesellschaftlicher Kommunikation definieren und die Diskurse

---

[1] Vorläufige Fassung des gleichnamigen Referats auf der Tagung der AG deutschsprachiger Philosophiedozenten und -dozentinnen im Studium der Katholischen Theologie im Haus Sankt Ulrich, Augsburg, 2.-5.1.2004. Der Anmerkungsapparat ist dementsprechend provisorisch und enthält eine Reihe von nicht aufgelösten Verweisen und Siglen.

über Kultur als Vorgang des Vergleichens zur Markierung von Unterschieden bestimmen (Jan Assmann, Niklas Luhmann).

Anhand dieser vier Kulturparadigmen, die ich zugleich in einer wissenschaftsgeschichtlichen Abfolge sehe, gliedere ich meinen Vortrag und diskutiere das jeweilige Verhältnis von Kultur und Religion.

I. Vom Kult zur Kultur: Genealogische Ansätze[2]

Viele Kulturtheorien des 19. Jahrhunderts. bestimmen das Verhältnis von Religion und Kultur als eines der genealogischen Ableitung: Sie sind von der Annahme geleitet, dass sich alle Bereiche der Kultur aus der Religion heraus entwickelten (Pansakralitätsthese). Den Hintergrund dafür bilden das Interesse an Ursprungstheorien sowie der Evolutionismus als das prominente Entwicklungsparadigma der zweiten Hälfte des 19. Jahrhunderts.

Das 19. Jahrhundert stand nicht nur im Zeichen der nach dem Zeitalter der Aufklärung wiederentdeckten und neu angeeigneten Geschichte, sondern es war auch das Jahrhundert der Ursprungstheorien. Forscher unterschiedlichster Provenienz trachteten danach, den Phänomenen auf den Grund zu gehen, und zwar nicht nur systematisch, sondern vor allem in historischer Absicht: Es galt, ihre Anfänge in der Geschichte zu rekonstruieren. Im Bereich des Kulturellen und Sozialen gehörten zu den bevorzugten Gegenständen, auf die diese Sichtweise angewendet wurde, die Sprache(n), die Religion(en) sowie die rechtlichen, familialen und ökonomischen Institutionen. Doch damit nicht genug: Im Rahmen der allgemeinen Menschheits- und Kulturgeschichte sollten diese Bereiche zudem in eine Chronologie gebracht werden. Es ging um nichts weniger als um die Beantwortung der Fragen: Was ist und wo liegt der Ursprung der Kultur?
Nach den Sprachforschungen Johann Gottfried Herders[3] (1744–1803), Johann Georg Hamanns[4] (1730–1788), Wilhelm von Humboldts[5], Jacob Grimms[6] (1785–1863) und Lazarus Geigers[7] (1829–1870) wurde allerdings deutlich, dass der Versuch, den *einen* historischen Ursprung der Kultur zu ›entdecken‹,

---

[2] Zum Folgenden vgl. Volkhard Krech, *Wissenschaft und Religion. Studien zur Geschichte der Religionsforschung in Deutschland 1871 bis 1933*, Tübingen 2002.

[3] J. G. Herder, *Abhandlung über den Ursprung der Sprache*, Berlin 1772.

[4] J. G. Hamann, *Schriften über Sprache, Mysterien, Vernunft: 1772–1788*, (Sämtliche Werke, Bd. 3) Wuppertal 1951.

[5] W. von Humboldt, *Schriften zur Sprache*, Stuttgart 1995.

[6] J. Grimm, *Über den Ursprung der Sprache*, 5. Aufl. Berlin 1862.

[7] L. Geiger, *Der Ursprung der Sprache*, Stuttgart 1869.

zwangsläufig scheitern muss.[8] Der absolute Anfang der Kulturgeschichte ist nicht zu rekonstruieren. Diese Einsicht hielt jedoch viele Forscher nicht davon ab, so nah wie möglich an den Ursprung der Kultur ›heranzukommen‹.

Das genealogische Verfahren im Sinne einer Rekonstruktion des historischen Anfangs hat vielfältige wissenschaftsgeschichtliche Wurzeln. Den wohl größten Einfluss auf seine Konjunktur in der zweiten Hälfte des 19. Jahrhunderts hatte die von Charles Darwin (1809–1882) entwickelte Evolutionstheorie. Edward Burnett Tylor (1832–1917) war dann der erste, der – wenn auch nicht in ausdrücklicher Analogie zur Darwinschen Evolutionstheorie – der Kultur- und Religionsgeschichte ein evolutionistisches Konzept zugrunde legte. In seinem zweibändigen Werk *Primitive Culture* von 1871[9] entfaltete der Autor seine Theorie des Animismus, mit der er den eigentlichen Schlüssel zur Genese der Religion gefunden zu haben meinte. Der Animismus war zugleich Generator und Ausdruck der Pansakralitätsvorstellung, der zufolge sich Gesellschaft und Kultur aus der Religion heraus entwickelt hätten. Zugleich wendet sich die Kulturgeschichte Tylors mit der Annahme von archaischen „survivals“ gegen ein einliniges Säkularisierungsverständnis, demzufolge Religion in der modernen Gesellschaft und Kultur keine Rolle mehr spiele.

Grundlage für diese Verhältnisbestimmung von Kultur und Religion ist ein an der Evolutionstheorie Darwins orientiertes Differenzierungsschema: In der Fassung von Herbert Spencer lautet die Evolutionsformel: »Kultur ist der Weg von der geschlossenen Einheit durch die entfaltete Vielheit zur entfalteten Einheit.«[10]

Im Zusammenhang unseres Themas kommt es mir darauf an, dass das erste und dritte Stadium die Frage der Einheit und Integration aufwarfen, und diese Frage wurde durch Religion gelöst: am Anfang und am Ende der kulturellen Differenzierung steht Religion.

Die Ursprungsfrage wurde allerdings bald obsolet: Der absolute Anfang im chronologischen Sinne ist nicht zu rekonstruieren. Dennoch versuchte man, so nah wie möglich an den Anfang der Kulturgeschichte heranzukommen. Dabei waren zwei Analogien hilfreich. Zum einen zog man Parallelen zwischen „elementaren“ Sachverhalten indigener Kulturen, die durch die beginnende Ethnologie „aufgedeckt“ wurden, und archaischen Ursprüngen der eigenen Kultur.

---

[8] Vgl. beispielsweise H. Steinthal, *Der Ursprung der Sprache im Zusammenhange mit den letzten Fragen des Wissens*, 4., abermals erw. Aufl. Berlin 1888, S. 359 et passim.
[9] Vgl. Tylor, *Primitive Culture*.
[10] In der Formulierung Simmels (BgrTrK, S. 118).

Zum anderen begann man, angeregt durch die Anfänge der Freudschen Psychoanalyse, Analogien zwischen der Onto- und der Phylogenese zu ziehen.

Prominentes Beispiel für die zuerst genannte Analogie ist Émile Durkheims Gesellschaftstheorie. Ihr zufolge erfolgt die gesellschaftliche und kulturelle Integration durch Religion, vergleichbar dem Totemismus indigener Kulturen. Der „ideenpolitische“ Hintergrund Durkheims besteht darin, dass Religion in einer transformierten und zugleich elementaren Gestalt auch in der modernen Gesellschaft einen Platz erhalten soll; sie steht am Anfang und Ende des Differenzierungsprozesses.

Allerdings wurden, wie bereits angedeutet, nicht nur Ursprungstheorien, sondern bald auch der Evolutionismus heftig kritisiert. Als Alternative zur genealogisch-evolutionären Perspektive boten sich neukantianische Kulturtheorien an.

II. Religion und Kultur als Wertsphären: Vom Neukantianismus über Max Weber zu Talcott Parsons

Den Hintergrund für Verhältnisbestimmungen von Kultur und Religion, die vom älteren Evolutionismus abweichen oder ihn zumindest modifizieren, stellt eine wissenschaftsgeschichtliche Entwicklung dar, innerhalb derer empirische Forschungen in Geschichte, Kultur- und Sozialwissenschaft sowie Psychologie auf der einen Seite und erkenntnistheoretische Reflexionen auf der anderen Seite zu synthetisieren versucht wurden und die im Neukantianismus kulminiert. So sehr sich die einzelnen Ansätze, die unter diesem philosophiegeschichtlichen Begriff subsumiert werden, voneinander unterscheiden, ist ihnen doch der Versuch gemeinsam, die kantische Erkenntnistheorie mit Forschungsergebnissen der empirischen Wissenschaften, allen voran denen der Psychologie, zu vereinen. Während evolutionstheoretische Ansätze die Kulturgeschichte in einer differenzierungs*geschichtlichen* Perspektive sehen, bietet der Neukantianismus ein alternatives Konzept an, nämlich eine *erkenntnistheoretisch* gehaltene Differenzierung. Ausgehend von der anthropologischen Prämisse, dass sich der menschliche Geist aus den drei Funktionen Denken, Fühlen und Wollen zusammensetzt, werden als wissenschaftliche Disziplinen Logik, Ästhetik und Ethik mit ihren Gegenständen Erkenntnis, Kunst und Moral behandelt.

Die neukantianischen Ansätze teilen die allgemeine Prämisse, dass Religion ein Teilelement von Kultur ist. Zugleich fragen sie aber mit besonderem Nachdruck, „ob das Kulturfaktum Religion zugleich ein besonderes Wertgebiet bilde und wie gegebenenfalls sein Verhältnis zu anderen Gebieten zu bestimmen sei", wie Walter Jaeschke formuliert.[11] Die Antworten fallen freilich unterschiedlich aus. Wilhelm Windelband etwa geht von der religionsphilosophischen Aufgabe aus, „die Stellung auszuweisen, welche die Religion in dem zweckvollen Zusammenhange der Funktionen des vernünftigen Bewusstseins einnimmt".[12] Gegenstand der Religionsphilosophie sei „die *wirkliche Religion* [...] in ihrer ganzen, allumfassenden Wirklichkeit, mit der sie allen Sphären des Lebens angehört und sich doch zugleich als ein Eigenes und Neues darüber zu erheben scheint".[13] Sie umspanne die Gesamtheit der psychischen Funktionen, erstrecke sich aber ebenso in Handlungen, etwa als Kultpraxis und Gottesdienst, stelle sich als Organisation dar und führe schließlich – in der Beziehung zu Gott – ein metaphysisches Leben. Deshalb könne die Religionsphilosophie keiner der drei philosophischen Grunddisziplinen Logik, Ästhetik und Ethik allein zugeordnet oder als deren Anhang behandelt werden.[14] Religion sei an derjenigen Stelle zu verorten, die dem logischen, dem ethischen und dem ästhetischen Bewusstsein gemeinsam ist. Das Gemeinsame der psychischen Funktionen aber sei „jene *Antinomie des Bewusstseins*, welche in dem Verhältnis zwischen dem Sollen und dem Müssen, zwischen den Normen und den Naturgesetzen zutage tritt".[15] Daher stehe die Religion neben den Kulturfunktionen der Menschheit: Wissenschaft, Moral, Recht, Geschichte und Kunst als „die vielleicht größte Kulturmacht". „Ihren Zweck, ihre Norm, ihr Ideal" nennt Windelband „das Heilige".[16] Die Religion wirke zwar in alle Kulturfunktionen hinein, gehe in ihnen jedoch aufgrund ihres „überweltlichen Inhalts" nicht auf. In diesem Sinn versteht Windelband das übermenschliche und -weltliche Heilige als „Ergänzung und Fundierung der anderen Kulturgebiete".[17]

Am deutlichsten gegen evolutionstheoretische Ansätze und die Religionsgeschichte, die den Begriff der Religion durch Induktion zu gewinnen suchen, wendet sich Hermann Cohen. Er will die Verbindung von der Einheit des

---

[11] W. Jaeschke, Artikel „Religionsphilosophie", in: *Historisches Wörterbuch der Philosophie*, Bd. 8, hg. von J. Ritter und K. Gründer, Darmstadt 1992, S. 748-763, hier: S. 754 f.

[12] W. Windelband, „Das Heilige (Skizze zur Religionsphilosophie)", in: ders., *Präludien*, 3., verm. Aufl. Tübingen 1903, S. 414-450, hier: S. 295.

[13] Ebd., S. 296.

[14] Vgl. ebd., S. 297.

[15] Ebd., S. 300.

[16] Vgl. ebd., S. 297.

[17] Ebd., S. 359.

Systems der Philosophie zur Einheit des Kulturbewusstseins herstellen[18] und konstatiert gegenüber empirisch-induktiven Verfahren der Begriffsgewinnung: „Die Tatsachen können niemals und nirgends den Begriff hervorbringen, der selbst vielmehr ihr eigenes geistiges Band – nein, schlechthin ihre geistige Erschaffung ist."[19] Der Begriff könne nur als Idee gefunden, also *a priori* erzeugt werden.[20] Auch der Begriff der Religion sei nur auf deduktivem Wege, also nicht mit den Mitteln der Religionsgeschichte, zu erzeugen. Die Religionsgeschichte habe nicht zuletzt deshalb Konjunktur, weil sie in einem ernsthaften Gegensatz zu aller bisherigen Art stehe, das Faktum der Religion zu erhellen, namentlich zur Metaphysik. Allerdings gehe die Religionsgeschichte nicht bloß nicht von Gott und nicht von den Göttern aus, „sondern *sie erweitert den Begriff des Göttlichen durch eine Erweiterung des Seelischen über das gesamte Gebiet der Natur- und Menschenwelt hinaus*".[21] Diese Vorgehensweise könne nicht zur Bildung eines Religionsbegriffs führen: „[W]o alles Menschliche und alles Göttliche in dem Begriffe alles Seelischen zusammengefasst ist, da kann nichts Spezifisches übrigbleiben für den Begriff der Religion: die in *Seelenkultus* über- und untergegangen ist."[22] Jenseits der Alternative von Metaphysik und Religionsgeschichte bestimmt Cohen den Begriff der Religion transzendentalphilosophisch: „Von der Faktizität gehen wir aus und fragen daraufhin nach ihrem Rechte."[23] Auf der Basis dieses erkenntnistheoretischen Verfahrens beantwortet Cohen die Frage nach der Stellung der Religion im System der Philosophie sowie nach ihrer Beziehung zu den anderen Funktionen des Geistes. Religion findet in diesem System jedoch nicht eigentlich einen eigenständigen Platz.[24] Denn

---

[18] Vgl. Cohen, *Der Begriff der Religion im System der Philosophie*, Gießen 1915, S. 133.

[19] Cohen, *Der Begriff der Religion*, .a.a.O., S. 5.

[20] Vgl. ebd., S. 6 f.: „Wo immer das Problem des Begriffs entsteht, da ist nichts anderes die Frage als der Sinn und der Wert eines Ursprünglichen, eines Ewigen, eines über alle Entwicklungsmöglichkeiten Hinausragenden, das nur Prinzip sein kann und Prinzip sein muss, eben sosehr für alle Erforschung der Erfahrung in ihren Tatsachen, wie für alles Erdenken ihrer Probleme. Es ist überall dieselbe Frage: ob die Forschung des *a priori* ein leerer Wahn ist, oder ob ohne sie alle Forschung ein blindes Suchen bleibt. Es ist überall nur die eine Frage: ob der *Begriff* nur als *Idee* gefunden werden kann, ob die Idee ein Trugbild, (sic!) ist und die Induktion allein den Begriff zu entdecken vermag."

[21] Ebd., S. 4.

[22] Ebd., S. 5.

[23] Ebd., S. 8.

[24] Vgl. Cohen, a.a.O., S. 10: „Das Kultur*faktum* der Religion an sich bildet keine hinlängliche Instanz für die transzendentale Anfrage, weil die *Ethik* die erste Auskunft, die erste und die unumgängliche, zu erteilen hat. Und die *Einheit des Systems* weist auch kei-

letztlich droht sie in Ethik aufgehoben zu werden. Allerdings bietet es die Grundlage für andere neukantianische Ansätze, etwa für die Absicht Jonas Cohns, „Religionsphilosophie als Kulturphilosophie“ bzw. „Wertphilosophie“ zu konzipieren.[25] Er sieht in der Religion eine den anderen Wertgebieten immanent bleibende „teleologische Ergänzung“ durch ihre Abschlussleistung;[26] Georg Mehlis zufolge hilft das Wissen um das Göttliche dem Mangel des Endlichen ab;[27] im übrigen will er die Religionsphilosophie als „höchste Wertwissenschaft“[28] durch eine Analyse des religiösen Bewusstseins als Religionsphilosophie „von unten“ ergänzen.[29] Und Heinrich Rickert konstatiert, dass Religion ein eigenes Wertgebiet sei, das zwar in großer Nähe zu Kunst und Sittlichkeit stehe, durch die Annahme des Göttlichen jedoch über beide hinausgehe.[30]

Bekanntlich hat sich Max Weber in seiner Soziologie im Allgemeinen wie seiner Religionssoziologie im Besonderen an neukantianischen philosophischen Entwürfen, insbesondere an der Wertphilosophie Heinrich Rickerts orientiert. (Allerdings besteht ein entscheidender Unterschied darin, dass er die Perspektive auf gesellschaftliche und kulturelle Integration aufgegeben hat. Vergesellschaftung führt, wie er prägnant in der so genannten „Zwischenbetrachtung“ seiner Religionssoziologie ausgeführt hat, zum Konflikt der verschiedenen Wertsphären wie etwa Wissenschaft, Religion, Kunst und Erotik und zum „Polytheismus der Werte“. Integrationsinstanz ist bei Weber im Unterschied zu

---

ne Lücke auf, welche die Religion ausfüllen könnte, weder für die Glieder des Systems, die durch die Ethik befriedigt sind, noch für die den Kulturinhalt erzeugenden *Richtungen des Bewusstseins*, welche durch *Erkenntnis*, *Wille* und *Gefühl*, alle drei in *Reinheit* begriffen, erschöpft zu sein scheinen.“ In diesem Sinne würdigt P. Spieß, „Die Religion und das Kulturbewusstsein“, in: *Zeitschrift für Theologie und Kirche* 20, 1910, 232-244., hier: 232 f., zwar die Erkenntnis der Marburger Schule, „dass die Religion für das Werden und den Zusammenhang echter Kultur [...] einen gewichtigen Faktor bedeute“, kritisiert aber zugleich, dass Religion in der Systematik Cohens innerhalb der Methodik des Kulturbewusstseins keine Stelle finde. „Wohl weiß Cohen in geschichtlicher Pietät und Treue die Kulturbedeutung der Religion als eines zur Sittlichkeit erziehenden geschichtlichen Faktors zu würdigen, aber vor dem Forum reiner, allgemeingültiger Erkenntnis kann sich die Religion in ihrem Recht nicht legitimieren.“

[25] J. Cohn, *Religion und Kulturwerte*, (Philosophische Vorträge Nr. 6) Berlin 1914., S. 4; vgl. auch Jaeschke, „Religionsphilosophie“, S. 754.

[26] Vgl. Cohn, a.a.O., S. 9 f. und S. 18.

[27] Vgl. G. Mehlis, *Einführung in ein System der Religionsphilosophie*, Tübingen 1917, S. 132 und S. 103.

[28] R. Richter, *Religionsphilosophie*, Leipzig 1912, S. 111.

[29] Vgl. Mehlis, *Einführung*, 55; vgl. auch Jaeschke, „Religionsphilosophie“, S. 759.

[30] Vgl. H. Rickert, *System der Philosophie*, Bd. 1: *Allgemeine Grundlegung der Philosophie*, Tübingen 1921, S. 339-341.

Durkheim nicht „die Gesellschaft“, sondern sein Konzept der Persönlichkeit und der persönlichen Lebensführung, die die konfligierenden Werte in eine Präferenzordnung bringt. Auf die Persönlichkeit als kulturelle Integrationsinstanz werde ich noch zurückkommen.

Im Moment kommt es mir darauf an, dass die neukantianische Wertphilosophie durch Talcott Parsons Eingang in die Gesellschaftstheorie gefunden hat, indem er Webers Religionskonzept in seine soziologische Systemtheorie einfügte. Anders als Weber ist Parsons jedoch – darin an Emile Durkheim anschließend – an der *gesellschaftlichen* Integrationsfunktion von Religion interessiert. Theoretischer Hintergrund dafür ist das sogenannte AGIL-Schema seiner funktionalen Handlungstheorie. Hinter dem Acronym verbergen sich die folgenden vier Funktionen: Die Funktion der *Adaption* gewährleistet die Anpassung des Gesellschaftssystems an die allgemeinen Bedingungen der im wesentlichen physischen Umwelt; diese Funktion wird vor allem vom ökonomischen Subsystem wahrgenommen. Die Funktion des *goal attainment (Zielorientierung)* ermöglicht es, dass die Mitglieder einer Gesellschaft keine konfligierenden Ziele vertreten, die die Gesellschaft zerstören; diese Aufgabe nimmt das politische Subsystem wahr. Die *Integration* der einzelnen Handlungsträger und Rollen übernimmt das rechtliche Subsystem. Die *latency* genannte Funktion schließlich bezieht sich auf die *Aufrechterhaltung der institutionalisierten kulturellen Muster (maintenance of institutionalized cultural patterns)* und legitimiert die normative Ordnung mit Bezug auf das kulturelle System von Werten. Im Legitimationssystem ist der funktionale Ort von Religion, denn „es ist stets angewiesen auf ein – und sinnvoll abhängig von einer – Begründung durch geordnete Beziehungen zu einer letzten Realität. Das heisst, seine Begründung ist immer im gewissen Sinn eine religiöse“.[31] Parsons weist Religion im Kultursystem die Funktion der „hintergründigen Spannungsbewältigung und Orientierungsstabilisierung des Handelns“ zu und versteht sie als eine Art „balancierender Ausgleichsinstanz in Situationen drohender Gleichgewichtsstörungen“ der Gesellschaft.[32] Das Problem, das Religion bewältigt, besteht also im stets möglichen Aufbrechen gesellschaftlicher Ungleichgewichte, Spannungen und Diskrepanzen. Dies kann der Fall sein, weil sich der Erhalt der gesellschaftlichen Ordnung, ihre Integration und kulturelle Legitimation keinesfalls von selbst verstehen.[33] Durch die Rezeption Max Webers steht Parsons bei seiner Verhältnisbestimmung von Religion und Kultur somit noch in einem gewissen Maß in der

---

[31] Parsons 1975: S. 23.
[32] Drehsen 1980: S. 92.
[33] Zu Parsons' Religionssoziologie insgesamt vgl. Brandt (1993).

neukantianischen Tradition, die er freilich mit der Durkheimschen Perspektive auf die gesellschaftliche Integrationsfunktion von Religion verknüpft.

Ich komme nun drittens zu einem Kulturkonzept, das die Persönlichkeit als zentrale kulturelle Integrationsinstanz bestimmt. Der zentrale Bezugsautor dabei ist für mich Georg Simmel; aber auch Ernst Cassirer, Vertreter der philosophischen Anthropologie, Thomas Luckmann und Clifford Geertz lassen sich hier einordnen.

III. Kultur und Religion als Vermittlungsinstanzen zwischen Personalität und Sozialität

In seiner allgemeinsten Fassung meint Simmels Kulturbegriff die Summe all jener Bereiche, „die das Verhältnis des Menschen zu anderen und zu sich selbst" formen.[34] Zu den objektiven Kulturgebilden zählen zum Beispiel Alltagspraxis (Wirklichkeit), Wissenschaft (Erkenntniswelt),[35] Kunst, Religion, Moral, Recht, Politik, Wirtschaft und Technik.[36] Für diese objektiven Kulturgebilde, die Simmel häufig auch Zweckreihen nennt,[37] sind die folgenden zwei Gesichtspunkte charakteristisch. Zunächst untersteht jedes dieser Gebilde einem „autonomen Ideal",[38] das ihren Inhalten eine sachliche Bedeutung verleiht, einen internen Zusammenhang unter den einzelnen Elementen stiftet und jedes Gebilde somit zu innerer Geschlossenheit führt. Sodann hat die Eigengesetzlichkeit jeder in sich geschlossenen Zweckreihe zur Folge, dass die einzelnen Kulturgebilde scharf voneinander getrennt sind und sich sogar in einem Gegensatz zueinander befinden können: „Die Kategorien, unter die die einzelnen Erscheinungen gebracht werden, um damit Erkenntnis, ihren Normen und Zusammenhängen, anzugehören, sind mit Entschiedenheit gegeneinander abge-

---

[34] PHG, S. 618. Mit dieser Definition ist ein Beleg dafür gegeben, dass Simmels Kulturwissenschaft auch die Soziologie einschließt. Zum Folgenden vgl. ausführlich Volkhard Krech, *Georg Simmels Religionstheorie*, Tübingen 1998.

[35] Das Erkennen als ein eigenständiges Kulturgebiet teilt sich in die einzelnen exakten Wissenschaften einerseits und die philosophische Spekulation andererseits. In jedem Falle aber gehört die Formung des „Daseinsstoffes" durch Begriffe zur Welt der Erkenntnis; vgl. „Das individuelle Gesetz" (im Folgenden zitiert als IGz), S. 175 f.

[36] In der *Lebensanschauung* unterteilt Simmel die Kulturgebiete in „ideale Welten" einerseits und „relative Totalitäten, Bezirke geringeren Umfanges" (S. 88) andererseits. Zu den idealen Welten im reinen und allumfassenden Sinn rechnet Simmel nur Wissenschaft, Kunst und Religion.

[37] Vgl. PHG, S. 254 ff. et passim.

[38] PHG, S. 619.

grenzt, geben sich oft erst an diesem Gegensatz wechselseitig ihren Sinn, bilden Reihen mit diskontinuierlichen Stufen."[39]

In den nach eigengesetzlichen Maßgaben prozedierenden Zweckreihen geht Kultur *ihrer Idee und ihrem Wert nach* jedoch keinesfalls auf. Die angeführten Gebilde formen zwar die Lebensinhalte, stellen vom Standpunkt des übergeordneten Kulturideals aber nur die Kultur*inhalte* dar, die ihrerseits von einer sie umfassenden, eben der kulturellen, Reihe geformt werden. Nicht schon die innerhalb der Zweckreihen gelegene sachliche Bedeutung stellt einen Kulturwert dar. Beispielsweise die „großen Reihen der künstlerischen und der sittlichen, der wissenschaftlichen und der wirtschaftlichen Produktion" sind vielmehr erst dann Kulturwerte, wenn sie über ihren immanenten Zweck hinaus in die Kulturreihe eingestellt werden und somit eine „Bedeutung für die Gesamtentwicklung der einzelnen Individuen und ihrer Summe" gewinnen.[40]

Aus diesem Verständnis von Kultur resultiert eine doppelte Bedeutung ihres Begriffs, nämlich objektive und subjektive Kultur. Während objektive Kultur „die Dinge in jener Ausarbeitung, Steigerung, Vollendung" meint, „mit der sie die Seele zu deren eigener Vollendung führen oder die Wegstrecken darstellen, die der Einzelne oder die Gesamtheit auf dem Wege zu einem erhöhten Dasein durchläuft", steht subjektive Kultur für „das so erreichte Entwicklungsmaß der Personen".[41] Beide Dimensionen des Kulturbegriffs bedingen einander. Simmel tritt entschieden der Auffassung entgegen, als handele es sich bei der subjektiven Kultur um einen der objektiven Kultur subsumierbaren Begriff. Vielmehr folgt der Kultivierung genannte Prozess der umgekehrten Richtung: Die „subjektive Kultur ist der dominierende Endzweck, und ihr Maß ist das Maß des Anteilhabens des seelischen Lebensprozesses an jenen objektiven Gütern oder Vollkommenheiten".[42] Aus diesem wertaxiomatischen Standpunkt ergibt sich, dass es keine subjektive Kultur ohne objektive geben kann.[43] Einerseits ist der Kulturbegriff durch die „Eigenentwicklung des seelischen Zentrums" bestimmt. Andererseits bedarf die Eigenentwicklung objektiver und ihr äußerer Mittel und Stationen: „Kultur entsteht [...], indem zwei Elemente zusammenkommen, deren keines sie für sich enthält: die subjektive Seele und das objektiv geistige Er-

---

[39] PHG, S. 619.
[40] WsK, S. 369.
[41] WsK, S. 371.
[42] WsK, S. 372.
[43] Der Wert des Individuellen kann nur im Gegensatz zum Allgemeinen bestehen, da das Einzelne seine Bedeutung nur gegen alles andere erhält (vgl. SozÄ, S. 199).

zeugnis."[44] Wenn es also keine subjektive Kultur ohne objektive geben kann, so kann aber umgekehrt die objektive Kultur „eine, zwar nicht vollständige, aber relativ erhebliche Selbständigkeit der subjektiven gegenüber gewinnen, indem 'kultivierte', d.h., ihrem Sinn nach, kultivierende Objekte geschaffen werden, deren Bedeutung nach dieser Richtung hin nur unvollkommen von Subjekten ausgenutzt wird".[45] Aus dieser Möglichkeit resultiert das „Übergewicht, das die objektive über die subjektive Kultur im 19. Jahrhundert gewonnen hat",[46] und hieraus erklären sich die Probleme und „Dissonanzen des modernen Lebens":[47] „[D]ie Dinge, die unser Leben sachlich erfüllen und umgeben, Geräte, Verkehrsmittel, die Produkte der Wissenschaft, der Technik, der Kunst – sind unsäglich kultiviert; aber die Kultur der Individuen [...] ist keineswegs in demselben Verhältnis vorgeschritten, ja vielfach sogar zurückgegangen."[48]

In späteren Arbeiten zum Kulturbegriff präzisiert Simmel den Dualismus von objektiver und subjektiver Kultur als einen *tragischen* Konflikt der Moderne, insofern die dualistische Entwicklung der Kultur einer ihr *inhärenten* Logik folgt.[49] Der zu vernehmende kulturpessimistische Einschlag[50] resultiert aus dem Umstand, dass Simmel den Kulturinhalten nur insofern einen Wert beimisst, als sie dem übergeordneten Endzweck, nämlich der Persönlichkeitskonstitution und -erweiterung dienen. Dieses Wertaxiom steht jedoch der faktischen kulturellen Entwicklung entgegen, derzufolge die objektive Kultur nur noch den Eigengesetzlichkeiten ihrer Zweckreihen folgt. Ernst Cassirer wendet später gegen Simmel ein, dass es sich in diesem Fall gerade nicht um Kultur handelt. Die Stärke des Simmelschen Kulturbegriffs liegt meines Erachtens aber gerade darin, dass das Scheitern des Kulturideals Bestandteil von Kultur sein kann. Außerdem schwächt Simmel die kulturpessimistische Figur insofern ab, als er an anderer Stelle vom „Konflikt der Kultur" spricht.

Welche Rolle kommt nun nach diesem Kulturverständnis der Religion zu?

Die kulturwissenschaftliche Perspektive ist wesentlich durch das Problem des verloren gegangenen Endzwecks bestimmt. Bereits in der *Moralwissenschaft*

---

[44] BgrTrK, S. 120.

[45] WsK, S. 372.

[46] PHG, S. 621.

[47] WsK, S. 372.

[48] PHG, S. 620.

[49] Vgl. BgrTrK, S. 134 ff.

[50] Vgl. dazu Rammstedt, „Zweifel am Fortschritt und Hoffen aufs Individuum", Lenk, „Das tragische Bewusstsein in der deutschen Soziologie", und Liebersohn, *Fate and Utopia in German Sociology*; zum deutschen Kulturpessimismus um die Jahrhundertwende insgesamt vgl. Stern, *Kulturpessimismus als politische Gefahr*.

führt Simmel den Pessimismus und das „Gefühl der Leere und Werthlosigkeit des Lebens" als die Signatur der modernen Kultur an.[51] Die Genese dieses Zustandes erklärt er mit der „seit langem vorbereiteten Revolutionirung der Idealbildung": Sowohl in inhaltlicher als auch in formaler Hinsicht „kommen uns die unerschütterlichen Lebenswerthe, die sicheren Zielpunkt gewährenden Ideale abhanden".[52] Inhaltlich ist dieser Prozess auf den Umstand zurückzuführen, dass „der Glaube mehr und mehr abstirbt und die Kritik die unbefangene Hingabe an die traditionellen Ideale politischer, religiöser, persönlicher Art zerstört".[53] Formal gründet die Orientierungslosigkeit in der Entwicklung der modernen Gesellschaft, in deren Folge „das schnelle Tempo und der unruhige Rhythmus des modernen Lebens es gewissermaassen nicht zu dem festen Aggregatzustand solcher Ideale kommen lässt".[54] Zugleich aber, und darin liegt die Pointe der Simmelschen Zeitdiagnose, ist mit dem absoluten Endzweck nicht auch das Bedürfnis nach ihm weggefallen.[55] Simmel beschreibt die Moderne als eine Zeit des Übergangs und diagnostiziert einen gleichsam habituellen Überhang der Orientierungsmuster, die sich noch nicht den veränderten realen Lebensbedingungen angepasst haben: „Die psychischen Funktionen gehen vermöge fest gewordener Gewöhnung noch eine Weile weiter, erleiden aber, weil jenes nothwendige Glied fehlt, Störungen, Ablenkungen, Rückschläge, die sich im deutlicheren oder dunkleren Bewusstsein als ungestilltes Bedürfen, leeres Sehnen und Streben spiegeln".[56] Die geldtheoretischen Ausführungen in der *Philosophie des Geldes* münden bekanntlich in die Aussage, dass an die Stelle des absoluten Zweckes, die ehedem Gott innehatte, in der Moderne das Geld getreten sei.[57] Allerdings ist mit der Relativität der Weltanschauung, die in der mo-

---

[51] *Einleitung in die Moralwissenschaft*, Bd. II (im Folgenden zitiert als EMII), S. 30.
[52] EMII, S. 30.
[53] EMII, S. 30.
[54] EMII, S. 30.
[55] Vgl. EMII, S. 30. Zum Begriff des Endzwecks vgl. auch EMI, S. 106f.: „Dass [...] überhaupt ein Endzweck gesetzt wird und welcher, hat mit der Vernunft als Denkkraft gar nichts zu thun [...]. [...] Statt dass also der Vernunftcharakter eines gewissen praktischen Verhaltens den Ursprung desselben bezeichnete, ist er vielmehr nur ein Werthbegriff, nichts als der Ausdruck einer gewissen Schätzung dieses Verhaltens." Im Übrigen erlangt ein Ideal den Charakter eines Endzwecks, indem man ihm eine nicht zu überbietende Monopolstellung zuschreibt, was allerdings Simmel zufolge keinesfalls unbedingt nötig ist; vgl. auch HPH, S. 150: „Der Irrtum scheint nur darin zu liegen, dass man den Endzweckcharakter des einen Ideals daran bindet, dass man ihn jedem anderen verweigert. So arm ist weder das Reich der Ideen, noch die menschliche Natur."
[56] EMII, S. 30.
[57] Vgl. etwa PHG, S. 305 ff. et passim.

dernen Geldwirtschaft ihren reinsten Ausdruck findet, nicht zugleich auch das metaphysische Bedürfnis nach einem absoluten Wert weggefallen. Simmel zeichnet die kulturgeschichtliche Entwicklung nach, die mit der christlichen Vorstellung vom Heil der Seele und dem Reich Gottes an der Zeitenwende beginnt und mit dem bloß *formalen* Bedürfnis nach einem absoluten Endzweck als dem Signum der modernen kulturellen Lage endet, und kommt zu dem Schluss: „[D]as Bedürfnis hat seine Erfüllung überlebt“.[58] Vor diesem Hintergrund kann Simmel „die Schwächung des religiösen Empfindens und gleichzeitig das so lebhaft wiedererwachte Bedürfnis nach einem solchen“ als Korrelat der Tatsache verstehen, „dass dem modernen Menschen der Endzweck abhanden gekommen ist“.[59]

Vor dem Hintergrund dieser Diagnose bemisst sich der Kulturwert von Religion daran, ob und wie religiöse Vorstellungsinhalte – noch oder in veränderter Form wieder – auf die persönliche Kultur zurückwirken und auf diese Weise einen lebensimmanenten Endzweck bilden können. In diesem Zusammenhang spielen die theistische Vorstellung und das christliche Seelenkonzept eine wichtige Rolle. Die Vorstellung Gottes als einer Persönlichkeit lässt sich mit Simmel als religiöse Chiffre verstehen, mit der die Einheit des Seins und *zugleich* das individuierte Sein als eine Ganzheit symbolisiert wird. In kulturwissenschaftlicher Perspektive besteht der Kulturwert des Theismus darin, dass er auf anthropologisch-empirischer Ebene eine individualitätskonstitutive Funktion ausübt. Die subjektive Seite der Gottesvorstellung symbolisiert der christliche Topos vom Heil der Seele, der beide Dimensionen des Persönlichkeitsbegriffes, nämlich Persönlichkeit als Form und als regulative Idee, vereint. Dieser Interpretation zufolge avanciert das Heil der Seele zum Endzweck des Lebens; ein Endzweck freilich, der im Anschluss an Nietzsche im Leben selbst gründet.

(Nur angemerkt sei, dass auch Ernst Cassirer die Individuationsfunktion von Kultur hervorhebt. Kultur ist ihm zufolge das „symbolische Universum“, dessen sich der Mensch als Erkenntnismedium bedient. Dazu zählen neben sprachlichen Formen auch Kunstwerke, mythische Symbole und religiöse Riten. Cassirers Kulturbegriff ist an die anthropologische Bedingung geknüpft, die menschliche Freiheit zu verwirklichen. Diesem Postulat unterliegen auch Kunst und Religion. Religion ist zwar nicht als eigene symbolische Form ausgearbeitet. Aber man könnte sie m.E. im Sinne Simmels ausformulieren.)

---

[58] PHG, S. 491. An diese Erkenntnis knüpft Simmel in seinem Aufsatz „Das Problem der religiösen Lage“ an und arbeitet diese Zeitdiagnose in lebensphilosophischer Perspektive weiter aus.

[59] PHG, S. 492.

Über die kulturphilosophischen Überlegungen hinaus bestimmt Simmel später innerhalb seines lebensphilosophischen Ansatzes die religiöse Funktion darin, die fundamentale Spannung von Freiheit und Bindung zu vermitteln, die als Unterscheidung zwischen Form und Prozess sowohl Vergesellschaftungsvorgängen als auch der Kultur zugrunde liegt. In seiner allgemeinsten Fassung handelt es sich um das Thema der Grenzziehung und Grenzüberschreitung. Um den dynamischen, formsprengenden Aspekt von Religion herauszustellen, unterscheidet Simmel zwischen *Religion* als einer autonomen Weltformung mit Dogmen und Institutionen auf der einen und *Religiosität* als einer Funktion des Lebens selbst auf der anderen Seite. Die lebensphilosophisch-prozedurale Fassung des Religionsbegriffes wird an der Konzeption des Religiös-*Seins* im Unterschied zum Religion-*Haben* besonders deutlich: „Das religiöse Sein aber ist nun kein ruhiges Dasitzen, keine qualitas occulta, kein bildhaftes Ein-für-Allemal, wie die Schönheit eines Stückes Natur oder Kunst, sondern es ist eine Form des ganzen, lebendigen Lebens selbst, eine Art, wie es seine Schwingungen vollzieht, seine einzelnen Äußerungen aus sich hervorgehen lässt, seine Schicksale erfüllt."[60] Die Differenz von bleibendem Bedürfnis nach einem Endzweck und mangelnder Erfüllung kann somit durch die Möglichkeit überwunden werden, „dass die Religion sich aus ihrer Substanzialität, aus ihrer Bindung an transzendente Inhalte zu einer Funktion, zu einer inneren Form des Lebens selbst und aller *seiner* Inhalte zurück- oder emporbilde".[61] In lebensphilosophischer Perspektive vermittelt Religiosität den fundamentalen Gegensatz des Lebens zwischen Prozess und Form. In diesem Sinn reinterpretiert Simmel die christliche Vorstellung vom Heil der Seele als die Verwirklichung des Ideals ihrer selbst: „[I]n jedem Menschen ruht potenziell, aber doch *wirklich*, das Ideal seiner selbst; die reine Form seiner, das, was er sein *soll*, durchdringt als eine ideelle Wirklichkeit die reale und unvollkommene".[62] Die Vorstellung vom Heil der Seele steht für den Sachverhalt, „dass ihr nicht von außen etwas hinzugetan oder angebildet wird, sondern dass sie eigentlich nur eine Hülle abzuwerfen, nur zu werden braucht, was sie schon ist".[63]

Ich habe Simmels Kultur- und Religionstheorie deshalb so ausführlich behandelt, weil diese Perspektive vor allem durch Thomas Luckmann in der gegenwärtigen Religionssoziologie wirksam geworden ist – allerdings ohne expliziten Rückgriff.

---

[60] PRelLa, S. 376.
[61] PRelLa, S. 380.
[62] HlSle, S. 110.
[63] HlSle, S. 110 f.

Luckmann setzt in seiner Sozialtheorie beim Sozialisations- und Individuationsprozess an. Zunächst unterscheidet er das als universal konstatierte Phänomen Religion von seinen verschiedenen historischen Formen und fragt nach den „allgemeinen anthropologischen Bedingungen für das, was als Religion institutionalisiert werden kann" (1991: 79). Zur Beantwortung dieser Frage definiert Luckmann die religiöse Gedankenwelt als ein symbolisches Universum, d.h. als ein verobjektiviertes Sinnsystem, das sich einerseits auf die Welt des Alltags bezieht und andererseits auf jene Welt, die als den Alltag transzendierend erfahren wird. Während subjektive Erfahrungen auf die schlichte Gegenwart beschränkt und bar jedes Sinnes sind, handelt es sich bei einem verobjektivierten Sinnsystem um einen sozialen Sachverhalt, der die subjektive Erfahrung in ein Deutungsschema integriert, dadurch mit Sinn ausstattet und sie somit 'transzendiert'. Da Sinnbildung ein sozialer Sachverhalt ist, wird die Individuation des menschlichen Bewusstseins allein in intersubjektiven Vorgängen realisiert. Ein menschlicher, biologischer verfasster Organismus wird zu einer Person, „indem er mit anderen einen objektiv gültigen, aber zugleich subjektiv sinnvollen, innerlich verpflichtenden Kosmos bildet" (1991: 87). Und diesen Vorgang der Personwerdung des Organismus durch Transzendieren seiner Natürlichkeit nennt Luckmann einen religiösen. Insofern ist Religion ein universales anthropologisches Phänomen.

Zwischen wertorientierten Kulturkonzepten auf der einen und Simmels und Cassirers Kulturtheorie auf der anderen Seite steht der kulturanthropologische Ansatz von Clifford Geertz, der sich ebenfalls in dieses Kulturparadigma einordnen lässt. Kultur ist ihm zufolge die situationsbezogene Deutung von Wirklichkeit. Die Aufgabe von Religion als einem Bestandteil von Kultur besteht darin, zwischen einem Weltbild eines Volkes und seinem praktischen Ethos eine Synthese herzustellen (vgl. 1987: 47f.). Sie thematisiert die Differenz von individueller Gefühls- und Handlungsdisposition und sozialer Wirklichkeit und hebt sie durch das Angebot eines bestimmten Symbolbestands auf. Zugleich stellt das religiöse Symbolsystem Motivationsressourcen zur Handlungssteuerung bereit. Geertz zufolge ist Religion „(1) ein Symbolsystem, das darauf zielt, (2) starke, umfassende und dauerhafte Stimmungen und Motivationen in den Menschen zu schaffen, (3) indem es Vorstellungen einer allgemeinen Seinsordnung formuliert und (4) diese Vorstellungen mit einer solchen Aura von Faktizität umgibt, dass (5) die Stimmungen und Motivationen völlig der Wirklichkeit zu entsprechen scheinen" (1987: 48).

Als viertem kulturtheoretischem Paradigma wende ich mich nun einem Kulturbegriff zu, der Kultur als Gedächtnis sowie als Innovationsarsenal der Gesellschaft definiert und die Diskurse über Kultur als Vorgang des Vergleichens zur Markierung von Unterschieden bestimmt. Als Bezugsautoren dienen mir vor allen Niklas Luhmann und Jan Assmann.

IV. Kultur und Religion als „Differenzmarker"

Die drei vorgestellten Kulturparadigmen sind zwar, wie angedeutet, als Differenzierungstheorien konzipiert, verknüpfen die Differenzierung jedoch mit der Integrationsperspektive – sei es die gesellschaftliche Integration oder sei es die Persönlichkeit als die zentrale kulturelle Integrationsinstanz.
Die Integrationsperspektive wird jedoch zunehmend obsolet. Zum einen kommt mehr und mehr oder neuerdings – aus gegebenem Anlass – wieder in den Blick, dass Kulturen und Religionen auch desintegrative Wirkung haben und Konflikte erzeugen. Zum anderen geht die Frage der Integration von einem Gesellschaftsbegriff aus, dem zufolge Gesellschaft ein Ganzes ist, das sich aus differenzierten Teilen zusammensetzt und das von einer übergeordneten Instanz, etwa der Religion als einem kulturellen Sonderbereich, „zusammengehalten" wird. (Diese Auffassung basiert auf der aristotelischen Vorstellung, dass das Ganze mehr ist als die Summe seiner Teile; und dieses „Mehr" wird dann als Religion bestimmt.) Die damit verbundene Hierarchieannahme ist jedoch für die moderne, funktional differenzierte Gesellschaft nicht haltbar – und erst recht nicht unter den Bedingungen der globalisierten Weltgesellschaft (vielleicht galt sie sogar auch nicht für ältere Gesellschaftsformationen). Und drittens erscheint es fraglich, ob ein integraler Persönlichkeitsbegriff, der als Amalgam der Aufklärung und der Romantik in den dargestellten Ansätzen wirksam ist, noch für die moderne Gesellschaft Geltung hat. (Ich erinnere nur an Robert Musils „Mann ohne Eigenschaften".)

Löst man den Kulturbegriff daher von der neukantianischen Wertsemantik und interpretiert ihn in kommunikationsorientierter Perspektive, so erscheint Kultur weniger als ein gesellschaftlicher Teilbereich, sondern als ein historischer Reflexions- und Selbstreflexionsbegriff der Gesellschaft. Darauf hat Niklas Luhmann hingewiesen.[64] Ihm zufolge wurde der Kulturbegriff im 18. Jahrhundert universalisiert und zu einer Folie, um diachrone und synchrone Vergleiche durchzuführen. Neben Sprachen und Sitten konnten auch Religionen als Kulturerscheinungen verglichen und ihre Unterschiede herausgestellt werden, ohne das Verglichene selbst und also auch den Begriff der Religion in Frage zu

---

[64] Niklas Luhmann, „Kultur als historischer Begriff". In: Ders.: *Gesellschaftsstruktur und Semantik* IV. Suhrkamp: Frankfurt a.M. 1995, S. 31-54.

stellen. Durch die Vergleichsperspektive wurden Raum- und Zeitdifferenzen überbrückt und somit zugleich der Blick auf das Entfernte, Esoterische, Exoterische und Primitive – vor allem als Kunst, Religion und unorthodoxe Intellektualität – ermöglicht sowie die Kontingenz des Verglichenen reflektiert. Kultur ist diesem Konzept zufolge an keinen Gegenstand gebunden, sondern das Gedächtnis, aber auch das Innovationsarsenal der Gesellschaft. Mit den Vorgängen des Erinnerns, des Vergessens und der kreativen Einbildungskraft verzichtet dieser Kulturbegriff auf eine hierarchische Selbstüberordnung über andere Gesellschaftsbereiche, bestreitet aber ebenso eine kulturinterne Hierarchie und also auch die Höchstrelevanz von Religion. Religion ist zwar für Höchstrelevanz, oder in Paul Tillichs Worten: für die „ultimate reality" zuständig, aber Höchstrelevanz und „das, was uns unbedingt angeht" (Tillich), ist nicht immer und überall relevant.

Nun kann ich an dieser Stelle nicht die dargestellten Kulturparadigmen und ihre religionstheoretischen Implikationen und Konsequenzen diskutieren. Statt dessen beschränke ich mich darauf, einige der heuristischen Vorteile des zuletzt vorgestellten Kulturkonzeptes herauszustellen.

- Zum einen kann in dieser Perspektive gesellschaftliche und kulturelle Differenzierung beschrieben werden, ohne dass die Integrationsfrage zwangsläufig und immer gestellt werden muss. Gesellschaftliche und personale Integration ist zwar möglich, worauf zahlreiche gesellschaftliche Diskurse hinweisen, aber kontingent. Abstrakt gesprochen, lassen sich mit dem Kulturbegriff als Ausdruck von Differenzerfahrungen Partikularismus und Universalismus als zwei kulturelle Möglichkeiten gesellschaftlicher Ordnung verstehen, die ihre Bedeutung allererst am Gegenbegriff gewinnen. Einheit und Differenz sind eben ein differentielles Paar, nicht aber zwei separierte Begriffe. Beispielsweise ist der Universalismus der Menschenrechte nur aus dem Gegenüber partikularistischer Positionen, die kulturelle Unterschiede geltend machen, zu verstehen und vice versa.

- Ein zweiter heuristischer Vorteil des differentiellen Kulturbegriffs, der auf Vergleichen abzielt, besteht darin, dass man auf diese Weise die Inflationierung der Kultursemantik erklären kann. Während in vergangenen Jahrhunderten Aspekte der Persönlichkeit „kultiviert" wurden, etwa Bildung und das ästhetische Bewusstsein (so etwa bei Schleiermacher, Herder und Humboldt), gibt es heutzutage kaum einen Sachverhalt, der nicht unter die Kultursemantik fallen kann: Die Rede ist etwa von Esskultur, Organisationskultur, Kleidungskultur, Wohnkultur, Arbeitskultur, Musikkultur, Freizeitkultur, Streitkultur, Geschmackskultur und nicht zuletzt auch von Religionskultur. Die Liste ließe sich beliebig verlängern. Dass der Kulturbegriff auf alle sozialen Praktiken anwendbar ist, scheint mir dadurch zu erklärt werden zu können, dass sich gesellschaftliche

Bereiche differenzieren, dass sich Milieus voneinander abgrenzen, dass sich im Zuge der Globalisierung Kulturkreise wechselseitig als different wahrnehmen und aufgrund der Differenzerfahrung allererst als ein kommunikativer Sachverhalt konstituieren.

Die Differenzierung gesellschaftlicher Bereiche und Dimensionen menschlichen Lebens wird – das zeigt die Semantikgeschichte – früh mit dem Kulturbegriff thematisiert. Dass sich – etwa bei Cusanus – der Ackerbau als Metonym für Alltagspraxis von dem Bereich der Religion und dieser wiederum von der Geistestätigkeit (in Form der Wissenschaft) unterscheidet, wird als Kultur beschrieben. (Wie gesagt, handelt es sich – zumal bei Cusanus – um eine Unterscheidung und nicht um eine [gar räumliche] Separierung, wie sie etwa das gegensatzpaar sakral-profan suggeriert.) Und auch die „Persönlichkeitskultur" stellt auf die Unterschiede zwischen Individuen, in der Semantik der Romantik: auf das *individuum ineffabile* ab. Kultur ist eben Verfeinerung und somit Differenzierung.

- Ein dritter Vorteil dieses Kulturkonzeptes liegt darin, dass man mit seiner Hilfe das Konfliktpotential von Religion und zugleich die universalistisch ausgerichteten Religionsdiskurse verstehen kann. Damit wird m.E. ein neuer Blick auf das Verhältnis von Kultur und Religion eröffnet.

Wenn man Religion als Bestandteil von Kultur und Kultur wiederum als das Gedächtnis und das Innovationsarsenal der Gesellschaft versteht, ist Religion in spezifischer Weise für die Erinnerung entweder von verschütteten Traditionsbeständen oder für kulturelle Innovationen zuständig. Religion ist nicht selten „ein Aggregatzustand der Kultur [...] im Zustand ihrer limitistischen Aufrüstung" (Assmann 1992: 157).[65] Als Teil von Kultur thematisiert Religion kulturelle Kontinuität und Diskontinuität.

Die Spezifika von Religion als ein kultureller Faktor liegen in dieser Perspektive mindestens in folgenden drei Aspekten:

- Zum Ersten ist sie Spezialistin für das Problem der Differenz von Einheit und Differenz, von Distanz und Nähe, symbolisiert im Verhältnis von Gott und Welt (oder abstrakt: in der Differenz von Transzendenz und Immanenz).
- Zum Zweiten birgt Religion ein im Vergleich zu anderen Kulturbereichen ein besonders großes Kritik-, Dissens- und Innovationspotential, weil sie für Transzendenz zuständig ist, die das Gegebene stets in ein anderes Licht rückt.

---

[65] Jan Assmann, *Das kulturelle Gedächtnis. Schrift, Erinnerung und politische Identität in frühen Hochkulturen*, München 1992.

(Damit steht Religion zugleich in großer Nähe und somit in Konkurrenz zur Kunst, wie seit der Romantik immer wieder hervorgehoben wird.)

- Zum Dritten hat Religion aber auch eine in problematischer Weise herausgehobene Funktion: Sie kann nämlich die Gestalt der Sakralisierung annehmen und auf diese Weise gesellschaftliche und kulturelle (als als different wahrgenommene) Sachverhalte verabsolutieren. Besonders gefährlich wird dies auf dem Gebiet der Politik.[66]

Indem die Unterscheidung zwischen Kontinuität und Diskontinuität relevant wird, werden damit zugleich aber Kontingenzen sichtbar: Sowohl in diachroner als auch in synchroner Perspektive wird deutlich, dass andere (Religions-) Kulturen andere Traditionen ausbilden und je verschiedene Gedächtnisleistungen erbringen. Je mehr Religion als ein Teilbereich der Kultur beobachtet wird, desto mehr muss Religion „damit rechnen, in der gesellschaftlichen Kommunikation als kontingent, als Sache einer Option behandelt zu werden" (Luhmann 2000: 313; vgl. auch 1996b). Die wesentliche Funktion der Religion, nämlich die Bearbeitung von Kontingenz, wird auf diese Weise also gerade nicht bedient. Als Reaktion auf diese Aporie bilden sich apologetische oder gar dogmatische Positionierungen mit Absolutheitsanspruch aus. Es formieren sich neue Konfessionalismen oder gar Fundamentalismen, die neuerdings – nicht nur im Islam – wieder ein Gewaltpotential bergen. Komplementär dazu lassen sich universalistisch ausgerichtete Religionsdiskurse, etwa ökumenische Initiativen und interreligiöse Dialoge als Versuche verstehen, die bestehenden Differenzen zu überwinden und die Gemeinsamkeiten der verschiedenen Religion herauszustellen. Dann wird die Perspektive einer Weltkultur eingenommen, die sich im Gegenüber zu kulturellen Partikularismen konstituiert (vgl. Küngs Weltethos).

In dieser vorgeschlagenen Sichtweise wird nicht Samuel Huntingtons These vom „Kampf der Kulturen" auf der Basis religiöser Differenzen das Wort geredet. Im Gegenteil wird deutlich, dass diese Annahme Religionen und Kulturen geradezu ontologisiert, indem diese These verabsolutiert wird. Statt dessen ermöglicht es der vorgeschlagene Kulturbegriff, gleichermaßen Differenz und Einheit der konkreten Religionen in den Blick zu nehmen. Zugespitzt formuliert, sind Huntingtons „Kampf der Kulturen" und die Behauptung einer christlich geprägten „Leitkultur" einerseits sowie ökumenische und interreligiöse Verständigungsversuche über religiöse Gemeinsamkeiten andererseits zwei Seiten derselben Medaille, nämlich Ausdruck der Differenz von Einheit und Diffe-

---

[66] Vgl. dazu die entsprechenden Passagen in Volkhard Krech, *Götterdämmerung. Auf der Suche nach Religion*, Bielefeld 2003.

renz. Und je nach politischem Standpunkt wird einmal die Differenz und ein anderes Mal die Einheit (in der Differenz) vertreten. Der Diskurs darüber wird in der Kultursemantik geführt.

Vernünftiger Pluralismus – gerechtfertigte Überzeugungen. Religiöser Glaube in einer pluralistischen Gesellschaft

VON THOMAS M. SCHMIDT

Religiöser Pluralismus gehört zu den herausragenden Merkmalen moderner Gesellschaften. Pluralismus bedeutet mehr als die Anerkennung von Pluralität als sozialer und kultureller Tatsache. Nicht nur von faktischer Verschiedenheit ist die Rede, sondern von legitimer Vielfalt. Genau aus diesem Grund müssen Standards der Rechtfertigung angesichts der legitimen Vielfalt von Überzeugungen gefunden werden. Religiöser Pluralismus wird im Folgenden vorrangig als ein Problem der Rechtfertigung von Überzeugungen betrachtet und nicht als eine Frage der sozialen und kulturellen Integration. Der Dialog der Religionen untereinander und das Gespräch mit nicht-religiösen Auffassungen legt die Frage nach den epistemischen Kriterien eines vernünftigen Pluralismus nahe.

I. Die „Lektion der Religionskriege"

Die Genese der Idee eines legitimen Pluralismus von religiösen Überzeugungen und Weltanschauungen wird in der Regel verstanden als Antwort auf die bittere historische Lektion der Religionskriege. Die Idee der religiösen Toleranz und der weltanschaulichen Neutralität des Staates gelten gemeinhin als Hauptwurzel der Idee des liberalen Rechtsstaats. Die Merkmale der Lösung, mit welcher der Liberalismus durch die ‚Erfindung' des neutralen Rechtsstaats auf die durch den religiösen Pluralismus ausgelöste soziale Stabilitäts- und Legitimitätskrise reagiert hat, sind bekannt: Staatliches Handeln wird rechtlich gebunden durch das libertäre Prinzip der religiösen Freiheit aller Individuen, durch das egalitäre Prinzip der Gleichheit der Religionen und Konfessionen und durch das Neutralitätsprinzip der Gleichbehandlung von religiösen und nichtreligiösen Überzeugungen. Diese liberale Begründung des demokratischen Rechtsstaats schien nach dem Zusammenbruch des Sozialismus weltweit das einzig übrig gebliebene und akzeptierte Modell legitimer politischer Ordnung zu sein. Seine besondere Überzeugungskraft gewinnt es aus der Fähigkeit, sowohl für die Legitimations- als auch für die Integrationsfragen pluralistischer Gesellschaften eine vernünftige und gewaltfreie Antwort geben zu können. Als einzig verbliebener natürlicher Feind' der freiheitlichen Demokratie und einer pluralistischen Gesellschaft erscheint der religiöse Fundamentalismus.

II. „Postmoderne" Dramatisierung des Pluralismus: Anerkennung der Differenz

Religiöser Fundamentalismus lässt sich als Symptom verstehen, das ein Problem der klassischen liberalen Theorie aufdeckt. Zu Anfang dieses Jahrtausends hat sich der soziale und kulturelle Pluralismus weiter radikalisiert und dramatisiert. Im Zuge dieser Dramatisierung der Moderne wird vielfältige Kritik am liberalen Modell des Pluralismus geübt. Diesen Auffassungen zufolge ist die Vielfalt der Lebensentwürfe und Wertorientierungen soweit fortgeschritten, dass der Kompromiss des klassischen Liberalismus zwischen individueller Autonomie und weltanschaulicher Neutralität des Staates nicht mehr ausreicht. Dieser Kompromiss zehrte nämlich bei aller Pluralität von der stillschweigenden Hegemonie einer bestimmten Kultur. Die liberale Trennung von Religion und Politik erscheint rückwirkend als Binnendifferenzierung einer weitgehend homogenen Kultur. So führte etwa die Reformation nicht zur Etablierung verschiedener, gleichberechtigter Religionen, sondern zur Ausdifferenzierung der einen, dominanten Religion, des Christentums, in verschiedene Konfessionen. Diese Situation hat sich unter spätmodernen Bedingungen radikal gewandelt. Neben die klassisch liberalen Forderungen nach Freiheit und Gleichheit der Individuen tritt etwa die Forderung nach Anerkennung der kulturellen Identität unterschiedlicher Gruppen.

III. Politischer Liberalismus: Die Idee eines „vernünftigen Pluralismus"

Auf die eben geschilderte Situation eines radikalisierten Pluralismus reagiert John Rawls mit der Konzeption eines „Politischen Liberalismus."[1] Die methodische Herausforderung, welche die Dramatisierung des Pluralismus darstellt, artikuliert sich in dem Verdacht, die liberale Konzeption eines weltanschaulich neutralen Staates sei selbst Ausdruck einer bloß partikularen kulturellen Tradition. Das Faktum des Pluralismus anzuerkennen, bedeutet nach Rawls daher auch anzuerkennen, dass es eine Vielzahl konkurrierender und vernünftiger Theorien der Gerechtigkeit gibt. Rawls geht davon aus, dass es keine erkenntnistheoretische Möglichkeit gibt, eine bestimmte Gerechtigkeitskonzeption

---

[1] John Rawls, *Politischer Liberalismus,* übers. von Wilfried Hinsch, Frankfurt am Main 1998 (= PL).

auszuzeichnen, die mit bestimmten Überzeugungen über das Wesen der Person, den Sinn und das Ziel menschlichen Lebens, kurzum mit einer bestimmten inhaltlichen Vorstellung des Guten, verbunden ist. Die Gerechtigkeitskonzeption des politischen Liberalismus ist eine vernünftige Konstruktion, die auf Wahrheitsansprüche verzichtet, d.h. auf den Anspruch, im Besitz einer bestimmten fundamentalen Wahrheit über *den* Menschen zu sein. Einen solchen Gerechtigkeitsbegriff, wie er den traditionellen politischen Philosophien, auch der des klassischen Liberalismus zugrunde liegt, nennt Rawls „metaphysisch". Rawls' politischer Liberalismus gründet dagegen auf einem „politischen" Begriff der Gerechtigkeit.

Ein politischer, nicht metaphysischer Begriff von Gerechtigkeit setzt auf der Ebene der Gesellschaft die Idee eines Systems der fairen Kooperation voraus, nicht die substantielle Vorstellung eines allgemeinen guten Lebens. Auf der Ebene des Individuums setzt er den politischen Begriff des Bürgers voraus und keine umfassende Theorie menschlicher Subjektivität und Identität. Eine solche ausdrücklich politische Gerechtigkeitskonzeption muss jedoch von einem übergreifenden Konsens getragen werden können, in dem sie von Vertretern ansonsten divergierender Konzeptionen des Guten als die für alle verbindliche Gerechtigkeitskonzeption akzeptiert wird. Es kann prinzipiell von allen Bürgern eingesehen werden, dass Grundgüter der fairen Kooperation wie Freiheit und Gleichheit zentrale und konstitutive Elemente einer freistehenden Konzeption von Gerechtigkeit darstellen. Diese Elemente können nun aus der Perspektive der Anhänger der verschiedenen umfassenden Lehren, z.B. religiöser Überzeugungen, interpretiert und als verbindlich akzeptiert werden – ohne dass diese Doktrinen selbst in die Rechtfertigungsgrundlage der freistehenden Gerechtigkeitskonzeption einfließen würden. Die Frage, ob und unter welchen Bedingungen eine solche freistehende Konzeption von Gerechtigkeit aus der Perspektive religiöser Überzeugungen akzeptiert werden kann, stellt einen herausragenden Test für die Tragfähigkeit dieser Konzeption eines vernünftigen Pluralismus dar.

IV. Rechtfertigung von Sanktionsgewalt unter pluralistischen Bedingungen

Was die Bürgerinnen und Bürger einer pluralistischen Demokratie verbindet, ist die allgemeine Vernunft, nicht ihre besondere Religion. So lautet einer der grundlegenden Glaubensartikel des politischen Liberalismus. Unter pluralistischen Bedingungen kann nicht erwartet werden, dass Religionen einen Vorrat an Überzeugungen bereitstellen, die von allen geteilt werden können. Bürgerinnen und Bürger verfügen als solche nicht notwendig über religiöse Überzeugungen, aber über vernünftige Kapazitäten. Eine politische Philosophie, die von solchen Voraussetzungen ausgeht, verankert die Prinzipien legitimer Rechtsordnung und stabiler sozialer Kooperation in einem allen Bürgern gemeinsamen Vernunftvermögen. Die liberale Position besteht auf dem Prinzip moralischer Rechtfertigung, wonach Normen nur dann legitim erscheinen, wenn sie prinzipiell von allen Betroffenen akzeptiert werden können. Dieses Prinzip muss vor allem in solchen Fällen zur Geltung gebracht werden, in denen es um die Rechtfertigung von Gesetzen und staatlicher Sanktionsgewalt geht. Solche Entscheidungen betreffen nämlich *nolens volens* alle Bürgerinnen und Bürger. Sie müssen daher auf der Basis von Gründen gerechtfertigt werden können, die prinzipiell von allen Betroffenen, und d.h. eben allen Bürgerinnen und Bürgern geteilt werden können. Religiöse Überzeugungen scheinen hierfür nicht in Frage zu kommen, da sie eben im hohen Maße kontrovers sind. Bürgerinnen und Bürger sollten sich daher, so wird geraten, in öffentlichen Debatten, in denen um die Legitimität von Gesetzen und staatlichem Handeln gestritten wird, auf den Gebrauch solcher religiöser Argumente beschränken, für die sich unabhängige säkulare Gründe angeben lassen.

V. Kritik der liberalen Trennung von Religion und Politik

Diese Konzeption hat eine Fülle von zum Teil sehr heftigen kritischen Reaktionen von religiöser Seite hervorgerufen. So wird gegen das Modell der liberalen Trennung von religiösen Überzeugungen und politischer Öffentlichkeit der Vorwurf erhoben, dass sich hier die weltanschaulich neutrale Gerechtigkeitsvorstellung des Liberalismus bei näherer Betrachtung als eine subtile Form der Unfairness entpuppe. Entgegen seinem eigenen Wortlaut würde der politische Liberalismus bestimmte Vorstellungen, die eindeutig partikularen Charakter besäßen, bevorzugen und andere, etwa religiöse Überzeugungen, willkürlich aus der politischen Öffentlichkeit ausschließen. Dies führe zu einem ungerechtfertigten überproportionalen Ausschluss religiöser Überzeugungen aus dem Raum der Öffentlichkeit. So sei nicht einzusehen, warum gerade religiöse Überzeugungen mit der Begründung, sie fänden nicht bei allen Bürgerinnen und Bürgern Zustimmung, aus den elementaren politischen Debatten ausgeklammert werden sollten. Eine Fülle anderer ethischer Überzeugungen und Moralkonzeptionen werde keinesfalls aus solchen Debatten ausgeschlossen, obwohl auch sie nicht von allen geteilt und von vielen mit vernünftigen Gründen abgelehnt würden. Die Tatsache etwa, dass viele Bürgerinnen und Bürger den Utilitarismus ablehnten, rechtfertige offenbar nicht den Ausschluss utilitaristischer Argumente aus moraltheoretischen und rechtlichen Diskussionen. Der vorrangige Aus-

schluss religiöser Überzeugungen aus dem Raum der Öffentlichkeit erscheine somit ungerechtfertigt und unfair.
Kritik dieser Art wird häufig mit einer gesellschaftskritischen Zeitdiagnose verknüpft. So wird häufig argumentiert, dass die Privatisierung von Religion zu einer Trivialisierung des Politischen führe.[2] Eine Gesellschaft, in der Religion als reines Privatvergnügen betrachtet werde, drohe unendlich banal zu werden. Zugleich erscheint die Vorstellung von einer fairen Kooperation aller Bürger, die sich ausschließlich auf der Basis neutraler Vernunft vollzieht, als ein abstraktes utopisches Ideal.[3] An die Stelle religiöser Überzeugungen trete nicht die Bindung an den vernünftig begründeten Respekt gegenüber allen Mitbürgern, sondern die private Ersatzreligion des Egoismus oder die kollektive des Nationalismus. Eine Gesellschaft, in der die religiösen Stimmen schweigen, werde letztlich von Privat- und Gruppeninteressen dominiert. Die einzige lebendige Alternative zu dieser Entwicklung werde durch den Ausschluss der Religion aus der politischen Öffentlichkeit untergraben; der politische Liberalismus sägt den ethischen Ast ab, auf dem er sitzt. Gegen die Gefahr unzivilisierter Verhältnisse helfe nicht der Ausschluss der Religion aus der politischen Öffentlichkeit, sondern gerade ihre Integration und Partizipation.

Besonders schwer wiegt der Einwand, das Gerechtigkeitsmodell des politischen Liberalismus sei gegenüber religiösen Überzeugungen unfair, verletze also in diesem Fall sein eigenes elementares Prinzip von Gerechtigkeit als Fairness. Hier wird vor allem auf ungleiche Einlassbedingungen für öffentliche Debatten verwiesen. Nach dieser Einschätzung müssen religiöse Personen ungleich mehr ihrer identitätsstiftenden Grundüberzeugungen einklammern als Personen mit säkular-liberalen Vorurteilen, wenn sie sich an politischen Diskursen als gleichberechtigte Partner beteiligen wollen. Es herrsche somit eine ungleiche Verteilung argumentativer Lasten und ein Zwang zur Schizophrenie: das religiöse Subjekt müsse vitale Komponenten seiner Persönlichkeit abspalten, wenn es als anerkannter Bürger in politischen Diskursen auftreten will. Der Liberalismus sei daher in erheblichem Maße unfair gegenüber jenen Menschen, die das Leben einer „religiös integrierten Existenz“ führen möchten.

---

[2] Stephen Carter, „Evolutionism, Creationism, and Treating Religion as a Hobby“, in: *Duke Law Journal* 1987, S. 977-996, S. 978; vgl. ders., *The Culture of Disbelief: How American Law and Politics Trivialize Religious Devotion*, New York 1993.

[3] Die Diskussion der Position von Wolterstorff bezieht sich auf seine Beiträge: „Why We Should Reject What Liberalism Tells Us About Speaking and Acting in Public for Religious Reasons“, in: P. J. Weithman (Hrsg.), *Religion and Contemporary Liberalism*, Notre Dame 1997, S. 162-181; „The Role of Religion in Decision and Discussion of Political Issues“, in: Robert Audi/Nicholas Wolterstorff (Hrsg.), *Religion in the Public Square. The Place of Religious Convictions in Political Debate*, Maryland 1997, S. 67-120.

Allerdings wäre hier daran zu erinnern, dass religiöser Integralismus nicht identisch ist mit authentischer religiöser Existenz überhaupt. Nicht alle religiösen Personen wollen oder müssen, um konsequente Gläubige zu sein, ihre Religiosität integralistisch verstehen. Es mag durchaus sein, dass es bestimmten religiösen Milieus unter den Bedingungen einer pluralistischen Gesellschaft und liberaler Rechtsstaatlichkeit schwerer fällt, sich zu reproduzieren, als anderen. Aber dies ist noch kein Argument, das eine prinzipielle Ungerechtigkeit des Pluralismus und einer liberaldemokratischen Verfassungsordnung aufdecken würde. „Keine Gesellschaft kann alle möglichen Lebensweisen in sich aufnehmen“ (PL, S. 294). Der Einwand müsste daher, wie Rawls zutreffend feststellt, weitergehen und nachweisen, dass dieser Untergang einer bestimmten Lebensweise genau darauf zurückzuführen ist, „daß es der wohlgeordneten Gesellschaft des politischen Liberalismus nicht gelinge [...], eine gerechte Grundstruktur einzurichten, in der die zulässigen Lebensweisen eine faire Chance haben zu bestehen“ (PL, S. 295). Der Untergang eines bestimmten Milieus oder Lebensstils als solcher ist noch kein Anzeichen für die Ungerechtigkeit oder Intoleranz; es gibt keine soziale Welt ohne bestimmte Verluste.[4]

Dennoch muss die liberale Theorie angesichts solch massiver Kritik, die sich in ihrem Extrem als politisch-religiös motivierte Gewalt artikuliert, mehr Gespür entwickeln für Verletzungen der Integrität, die aus dem Prinzip der Neutralität und der formalen Gleichheit entspringen können. Scheinbar neutrale, für alle vernünftigen Bürger einsehbare Rechtsvorstellungen können in Wirklichkeit bloß hegemoniale Konzepte sein, welche die Vorurteile herrschender Gruppen widerspiegeln. Philosophische Begriffsanalyse kann hier einen wirksamen und praktischen Beitrag zu politischer Selbstkritik und -korrektur leisten. Sie kann einsichtig machen, warum der liberale Standpunkt die Möglichkeit des Irrtums anerkennen und daher für Kritik und Korrektur der eigenen Position offen sein muss. Diese Offenheit und Kritikfähigkeit muss jedoch auch von der religiösen Person erwartet werden. Auch sie muss sensibel sein für Verletzungen, die sie durch ungerechtfertigte Handlungen und Überzeugungen anders Denkenden zufügt. Auch die religiöse Person muss daher zur Korrektur eigener Ansichten bereit und für rationale Kritik offen sein, kurz, sie muss die allgemeinen Forderungen der Vernunft anerkennen. Warum aber soll sie dieser Forderung entsprechen, die doch anscheinend eine Preisgabe elementarer, identitätsstiftender Überzeugungen verlangt?

Es ist eine herausragende religionsphilosophische Aufgabe zu zeigen, dass die Forderung nach vernünftiger Begründung religiöser Überzeugungen ihrer-

---

[4] So Isaiah Berlins bekannte Einlassung in seinem Aufsatz „The Pursuit of the Ideal“, in: ders., *The Crooked Timber of Humanity*, New York 1991.

seits begründet und angemessen ist und dass ihr auf eine Weise entsprochen werden kann, welche die Interessen, die Integrität und das Selbstverständnis religiöser Menschen nicht verletzt. Angesichts des Faktums des Pluralismus hat Religionsphilosophie also die Aufgabe zu zeigen, dass

1. eine grundsätzliche Begründungspflicht für religiöse Überzeugungen besteht,
2. die Begründungspflicht die Rechtfertigung der eigenen Überzeugungen gegenüber Anders- und Nichtgläubigen einschließt und
3. dieser Begründungspflicht entsprochen werden kann, ohne den religiösen Glauben vollständig externen, säkularen Kriterien zu unterwerfen.

VI. Rationalität, Rechtfertigung, Berechtigung: Zur Begründung religiöser Überzeugungen

Wenn man das Erwerben und Vertreten von Überzeugungen als Handlung oder in starker Analogie zu Handlungen versteht, dann zeigt sich, dass es eine generelle Verpflichtung gibt, Überzeugungen zu begründen. Auch Überzeugungen können normativ betrachtet werden; wie Handlungen sind sie gerechtfertigt oder ungerechtfertigt, erlaubt oder verboten. Eine Person, die unbegründete Überzeugungen vertritt oder sich aneignet, verletzt danach ihre intellektuellen Pflichten, sich und anderen Rechenschaft für ihre Überzeugungen zu geben. Der Vergleich von Überzeugungen mit Handlungen macht darauf aufmerksam, dass es unterschiedliche Grade von Verantwortlichkeit und verschiedene Begründungspflichten gibt. Zudem gibt es, genau wie in der Moralphilosophie, unterschiedliche Ansätze, solche Verpflichtungen zu begründen, z.B. teleologische, deontologische oder realistische Ansätze. Es gibt also nicht einfach *den* Begründungszwang schlechthin oder die eine Forderung der Vernunft. Es sind prinzipiell unterschiedliche Formen der Begründung von Überzeugungen zu beachten. Begründungsanforderungen stellen sich aus unterschiedlichen Gründen, ihnen kann und muss auf unterschiedliche Weise entsprochen werden. Dies hat für die Frage einer möglichen vernünftigen Begründung religiösen Glaubens unter pluralistischen Bedingungen entscheidende Konsequenzen.

In einer lockeren Anlehnung an Alvin Plantinga lassen sich drei Formen der Begründung religiöser Überzeugungen unterscheiden: der Nachweis der *Rationalität*, *Rechtfertigung* („justification") und *Berechtigung* („warrant"). Die Konzepte *Rationalität*, *Rechtfertigung* und *Berechtigung* werden in verschiedenen Kontexten in höchst unterschiedlicher Bedeutung verwendet. In unserem Kontext werden sie in folgender Weise verstanden: „Begründung" bezeichnet als generischer Ausdruck allgemein die Relation zwischen einer Überzeugung und den sie stützenden Gründen. Diese Relation kann nun subjektiv, intersubjektiv oder objektiv sein. Subjektiv ist eine Begründung, wenn die Überzeugung durch ihr Verhältnis zu anderen Überzeugungen der betreffenden Person begründet wird. Intersubjektiv ist eine Begründung, wenn andere Personen der Überzeugung aus gemeinsamen, geteilten Gründen zustimmen. Objektiv begründet wird eine Überzeugung durch den Bezug auf bestimmte Sachverhalte. Auf der Basis einer solchen Unterscheidung zwischen subjektiver Rationalität, intersubjektiver Rechfertigung und objektiver Berechtigung lassen sich entscheidende Einwände oder Befürchtungen gegenüber der liberalen Forderung ausräumen, in öffentlichen Debatten nur solche religiösen Argumente zu gebrauchen, für die sich unabhängige säkulare Gründe angeben lassen. Es geht darum, mit Hilfe eines differenzierten Modells der Begründung religiöser Überzeugungen, die intersubjektive Begründungspflicht in politisch-rechtlichen Fragen darzulegen. Zugleich soll der Einwand entkräftet werden, die Rechtfertigung religiösen Glaubens würde auf diese Weise externen Kriterien unterworfen, welche die Substanz religiöser Identität aufzulösen drohen.

VII. Rationalität

Im Rahmen eines Konzepts von Begründung, das die Aspekte Rationalität, Rechtfertigung und Berechtigung unterscheidet und umfasst, erscheint es notwendig, vor allem Rationalität und Rechtfertigung klar voneinander abzugrenzen. Die Konzepte Rationalität und Rechtfertigung werden nämlich oft so verstanden, dass sie sich wechselseitig erläutern. Danach erscheint es rational, solche Überzeugungen zu vertreten, die gerechtfertigt sind. Gerechtfertigt scheinen wiederum solche Überzeugungen zu sein, die „rational akzeptierbar" sind, denen also vernünftigerweise zugestimmt werden kann oder sollte. Wenn Rechtfertigung und Rationalität nicht in einem schlechten Zirkelverhältnis befangen sein sollen, dann stellt sich die Frage, welcher Begriff als elementarer Begriff angesehen werden sollte. Die Antwort auf diese Frage besitzt, nebenbei bemerkt, erhebliche Konsequenzen für einen Begriff vernünftiger religiöser Überzeugungen. Die Frage zielt nämlich darauf, ob die mögliche Rechtfertigung religiöser Überzeugungen in der Rationalität von Personen gründet, die religiöse Überzeugungen vertreten, oder ob religiöse Personen rational zu nennen sind, weil und insofern ihre Überzeugungen gerechtfertigt erscheinen.

Hier konkurrieren entgegengesetzte rationalitätstheoretische Ansätze. Für die eine Position gilt Rationalität als elementarer Begriff, so dass er nicht sinnvoll durch andere Begriffe wie den der Rechtfertigung oder der Begründung definiert werden kann. Dagegen stehen Vorschläge, Rationalität gerade durch Begründung oder „Wohlbegründetheit“[5] zu definieren. Herbert Schnädelbach gehört zu jenen Autoren, die dafür plädieren, Rationalität als elementaren Begriff zu verstehen, der durch Begründung nicht hinreichend definierbar ist.[6] Rationalität könne nicht durch Begründung definiert werden, weil Begründung eben rationale Akzeptierbarkeit bedeute; ein Vorverständnis von Rationalität werde bei Begründungen immer schon vorausgesetzt. Zudem sei der Begriff der Rationalität weiter als der Begriff der Begründung. Eine Definition von Rationalität durch Begründung sei nicht nur zirkulär, sondern stelle auch eine kognitivistische Verengung der Vorstellung von Rationalität dar. Was nicht im strengen Sinn begründet sei, erscheine dann als irrational. Besonders im Fall religiöser Überzeugungen scheint eine solche Auffassung in der Tat dramatische Konsequenzen zu besitzen. Für religiöse Überzeugungen müsste dann nämlich strenge und allgemeine Begründbarkeit gefordert werden, wenn sie nicht als irrational angesehen werden sollten.

Rationalität durch Begründung definieren zu wollen, erscheint aber nur dann als eine Verengung des Vernunftbegriffs, wenn ein verengter Begriff von Begründung zugrunde gelegt wird. Dies ist etwa der Fall, wenn „Begründung“ deduktionistisch verstanden wird, als Ableitung, deren Gültigkeit durch formale Inferenzen gesichert ist, oder nach dem Muster wissenschaftlicher Erklärungen. Nun besitzen Schlüsse und andere Folgerungsbeziehungen ohne Zweifel eine wichtige Funktion für die Begründung von Überzeugungen, diese müssen aber nicht rein deduktiver oder formaler Natur sein. Ebenso spielen Erklärungen eine wichtige Rolle für die Begründung von Überzeugungen. Die Erklärungskraft einer Überzeugung ist fraglos ein wichtiges Kriterium für die Beurteilung ihres epistemischen Status. Es wäre jedoch in der Tat eine kognitivistische, wenn nicht gar szientistische Verengung, Begründungen für Überzeugungen mit Erklärungen gleichzusetzen. Für eine solche Identifikation besteht aber kein zwingender Grund. Der Begriff der Begründung ist weiter als jene Auffassungen suggerieren, welche die Rationalität von Überzeugungen an das bewusste Verfügen über zwingende oder deduktiv gewonnene Vernunftgründe binden.

---

[5] Vgl. Stefan Gosepath in der Einleitung des von ihm herausgegebenen Bandes *Motive, Gründe, Zwecke. Theorien praktischer Rationalität*, Frankfurt am Main 1999.

[6] Herbert Schnädelbach, „Über Rationalität und Begründung“, in: ders., *Zur Rehabilitierung des ‚animal rationale'*, Frankfurt am Main 1992.

VIII. Rationalität religiöser Überzeugungen

Den Hintergrund für die speziellere Frage nach der Rationalität religiöser Überzeugungen bildet die moderne intellektuelle Situation, in der es nicht (mehr) rational erscheint zu glauben, dass Gott existiert. Moderne Menschen müssen sich offenbar entscheiden, entweder rational zu sein oder zu glauben, dass Gott existiert. Es gehört zur modernen Hintergrundauffassung, dass der Entscheidung zu Gunsten der Rationalität der Vorzug zu geben sei. In diesem Sinn bezeichnet die Frage der Rationalität ein teleologisches Modell der Begründung. Rationalität ist ein Wert, der zum Selbstverständnis der aufgeklärten Teilnehmer einer modernen Kultur gehört. Aber erst wenn Rationalität in einer bestimmten Weise verstanden wird, entsteht der Verdacht, religiöse Überzeugungen seien irrational. Für diese Auffassung von Rationalität hat sich in der analytischen Religionsphilosophie der Name „evidentialistischer Einwand“[7] eingebürgert. Der evidentialistische Einwand unterstellt, dass Überzeugungen als irrational angesehen werden müssen, solange keine starken Evidenzen für sie angeführt werden können. Anders gesagt, eine Person, die Überzeugungen vertritt, die nicht auf Evidenzen gestützt sind, verletzt ihre epistemischen Pflichten. Die evidentialistische Position lässt sich in Form einer Schlussfigur mit drei Prämissen darstellen:

1. Wenn es nicht rational ist, bestimmte Aussagen über Gott zu akzeptieren, dann ist es intellektuell unverantwortlich, sie zu akzeptieren.
2. Aussagen über Gott zu akzeptieren ist nur dann rational, wenn eine solche Überzeugung auf anderen Überzeugungen aufruht, die überzeugende Belege für diese theistische Überzeugung darstellen.
3. Es gibt keine allgemein überzeugenden Beleggründe für die theistische Überzeugung.

Konklusion: Da die Existenz Gottes nicht durch allgemein überzeugende Belege gesichert ist, besteht eine Verpflichtung, nicht daran zu glauben. Theistische religiöse Überzeugungen sind irrational, also inakzeptabel und intellektuell nicht zu verantworten.

Auf den evidentialistischen Einwand scheinen drei Arten von Antworten oder Reaktionen möglich:

[7] Maßgebend für diese Auffassung ist: W. K. Clifford, „The Ethics of Belief“, in: ders., *Lectures and Essays*, London 1879, S. 354 ff.

1. Es gibt doch allgemeine vernünftige Belege für religiöse Überzeugungen, z.B. Gottesbeweise.

2. Eine Begründungspflicht für religiöse Überzeugungen ist prinzipiell zurückzuweisen. Religiöser Glaube gründet nicht auf vernünftiger Einsicht, sondern gerade auf Quellen, die der Vernunft verschlossen bleiben, wie Offenbarung, Tradition, Autorität oder Gefühl.

3. Die rationale Begründung von religiösen Überzeugungen ist von Evidenz logisch unabhängig.

Zur ersten Strategie ist zu bemerken, dass die Beweise vom Dasein Gottes unter gegenwärtigen metaphysischen Bedingungen kaum den Nachweis einer allgemeinen Evidenzbasis für religiösen Glauben liefern können. Sie erscheinen eher als die philosophische Rekonstruktion bestimmter religiöser Überzeugungen, die unabhängig von diesen Beweisen schon vertreten werden und daher auch unabhängig von ihnen begründet werden müssen. Die zweite Antwortstrategie auf den evidentialistischen Einwand wird der herausragenden Bedeutung, die Rationalität für das menschliche Leben im Allgemeinen und für das Selbstverständnis der Moderne im Besonderen besitzt, nicht gerecht. Der Einwand, religiöse Überzeugungen seien irrational, muss ernst genommen und auf seinem eigenen Gebiet zurückgewiesen werden. Daher empfiehlt sich die dritte Strategie, die Zurückweisung des evidentialistischen Kriteriums als eines allgemeinen Prinzips der Rationalität. Diese Position haben etwa Alvin Plantinga und Nicholas Wolterstorff unter dem Titel einer „reformierten Epistemologie“[8] entwickelt. Rationalität wird hier verstanden als ein personenbezogenes Konzept von Begründung. Rationalität gilt immer relativ zu den Werten, Präferenzen und Einstellungen einer Person. Die Rationalität einer Überzeugung kann nicht generell und abstrakt, ohne Ansehung des Überzeugungssystems der betreffenden Person beurteilt werden.

Ausgangspunkt dieses Rationalitätskonzepts sind also Personen, die zu einem gegebenen Zeitpunkt bereits eine bestimmte Anzahl von Überzeugungen besitzen. Ein Rationalitätskriterium stellt ein Kriterium der Auswahl unter diesen Überzeugungen dar. Zum Nachweis der Rationalität einer Überzeugung genügt nach Wolterstorff ein epistemischer *innocent-until-proven-guilty*-Grundsatz: Eine Person ist rational gerechtfertigt, bestimmte Überzeugungen zu vertreten, solange sie keinen angemessenen Grund besitzt, sie aufzugeben. Unsere Überzeugungen sind rational, solange kein Grund *gegen* sie spricht. Sie sind nicht

---

[8] Alvin Plantinga/Nicholas Wolterstorff (Hrsg.), *Faith and Rationality. Reason and Belief in God*, Notre Dame 1983.

allein schon dadurch nichtrational, dass kein angemessener Grund *für* sie besteht.

Der *innocent-until-proven-guilty*-Grundsatz dreht also gegenüber dem evidentialistischen Einwand die Beweislast für die Rationalität von Überzeugungen um. Solange keine externen Einsprüche geltend gemacht werden können, sind die Überzeugungen subjektiv gerechtfertigt. Zudem folgt aus der Nichtrationalität einer Überzeugung noch nicht zwingend, dass eine Pflicht besteht, sie aufzugeben. Denn in einer teleologischen Perspektive lässt sich nicht begründen, warum ausgerechnet der Wert der Rationalität einen absoluten Vorrang vor anderen Gütern wie etwa Glück oder Lebenssinn genießen soll. Zur Begründung eines solchen Vorranges der Vernunft bedarf es einer deontologischen Form von Begründung. Eine solche deontologische Begründungsform beschreibt das Modell intersubjektiver Rechtfertigung.

IX. Rechtfertigung

Ähnlich wie Rationalität bezeichnet „Rechtfertigung" eine negative und indirekte Form der Begründung religiöser Überzeugungen. Im Unterschied zu Rationalität bezeichnet intersubjektive Rechtfertigung aber ein deontologisches Modell von Begründung. Im Blick auf andere Personen unterliegen wir einer unbedingten Pflicht zur Rechtfertigung. Wir schulden nämlich anderen, die von den Folgen unserer Überzeugungen betroffen sind, Gründe, die sie vernünftigerweise einsehen können. Das Modell der intersubjektiven Rechtfertigung hat seinen genuinen Ort in der Moralphilosophie. Religionsphilosophisch scheint es von den drei genannten Arten von Begründung die am meisten vernachlässigte zu sein; sie ist aber die wichtigste Begründungsform, wenn es um das Verhältnis von religiösen und nicht-religiösen Überzeugungen im Raum der politischen Öffentlichkeit geht. Die Frage nach dieser Art von Rechtfertigung entsteht dort, wo eine Begründung von Überzeugungen verlangt wird, die über den Kontext hinausgeht, in dem bestimmte Überzeugungen bereits akzeptiert sind. Dies ist vor allem dort der Fall, wo aus Überzeugungen Konsequenzen folgen, die notwendig auch diejenigen betreffen, die diese Überzeugungen nicht teilen – wie im Fall von Gesetzen und Rechtszwang. Anders als auf der Ebene der Rationalität besteht hier bei einem Scheitern der Begründung die Pflicht zur Enthaltsamkeit. Eine Überzeugung, die nicht intersubjektiv gerechtfertigt werden kann, darf nicht zur Grundlage von Handlungen erhoben werden, die alle betreffen.

Die Unterscheidung zwischen subjektiver Rationalität und intersubjektiver Vernunft lässt sich erneut mit einem Blick auf Rawls veranschaulichen. Rawls zufolge ist das Vernünftige im Gegensatz zum Rationalen in einer spezifischen

Weise intersubjektiv. Rationalität lässt sich einem Wesen von außen, aufgrund von beobachtetem Verhalten zuschreiben. Um aber beurteilen zu können, ob ein Wesen vernünftig („reasonable“) ist, müssen wir in ein Kooperationsverhältnis mit ihm eintreten. Wir müssen, wie Rawls sagt, eine „gemeinsame öffentliche Welt“ betreten. Rawls' Unterscheidung von Vernunft und Rationalität dient nicht zuletzt der Beantwortung der Frage, worauf das Faktum eines permanenten und zugleich vernünftigen Pluralismus eigentlich zurückzuführen ist. Die politisch-liberale Auffassung von der Permanenz des Pluralismus verbietet ja, die Pluralität von Überzeugungen im Sinne vorübergehender Täuschungen und irrtümlicher Auffassungen zu verstehen, die „in the long run“ auf die „final opinion“ einer einheitlichen Wahrheit einschwenken werden. Da prinzipiell mehrere divergierende Lehren als vernünftig angesehen werden können, verbietet sich ebenso die Auszeichnung einer bestimmten Doktrin als einzig wahrer Lehre, die dann in einer intolerant ausgrenzenden Haltung die anderen Überzeugungen als unwahr bekämpfen oder in einem paternalistischen Gestus als vorläufige Gestalten und bloße Annäherungen an die eine Wahrheit integrieren könnte. Es muss aber erklärt werden, wie ein Zustand, in dem rationale Personen auf Dauer widerstreitende Auffassungen vertreten, vernünftig genannt werden kann.

Das Vernünftige und das Rationale repräsentieren Rawls zufolge zwei logisch unabhängige Ideen, die sich ergänzen. Das Vernünftige wird weder aus dem Rationalen abgeleitet – etwa auf dem Weg einer Generalisierung von Verhaltenserwartungen und Klugheitserwägungen – noch wird das Rationale dem Vernünftigen entgegengesetzt. Rationalität und Vernunft widersprechen sich nicht generell, sondern nur insofern sie als Quellen und Prinzipien moralischen Handelns in Betracht gezogen werden. Vernunft und Rationalität schließen sich zwar in moralischer Perspektive aus, nicht aber in jeder praktischen oder gar in theoretischer Hinsicht. Die Differenz zwischen dem Vernünftigen und dem Rationalen wird von Rawls zunächst in Anlehnung an Kants Unterscheidung zwischen kategorischen und hypothetischen Imperativen eingeführt (PL, S. 127). Diese Differenz wird genauer im Sinne einer Unterscheidung zwischen reiner praktischer und empirisch-praktischer Vernunft verstanden. Handlungen sind durch reine praktische Vernunft bestimmt, insofern sie von Prinzipien geleitet werden; solche Handlungen sind „vernünftig“ (*reasonable*). „Rational“ ist dagegen der Gebrauch der empirisch praktischen Vernunft zu nennen; er bezeichnet ein Verhalten, in dem gegebene Zwecke mit intelligenten Mitteln verfolgt werden. Das einzige Kriterium, das Rawls für seine Unterscheidung von praktischer Rationalität und Vernunft in Anspruch zu nehmen behauptet, ist der öffentliche Charakter der Vernunft. Das Vernünftige ist im Gegensatz zum Rationalen in einer spezifischen Weise öffentlich. Um andere Personen vernünftig nennen zu können, muss ihnen unterstellt werden, „dass sie bereit sind, ihr Handeln von einem Prinzip leiten zu lassen, auf dessen Grundlage sie und andere gemeinsam argumentieren (*reason in common*) können" (PL, S. 121 Anm.).

Die Zuschreibung von Vernunft setzt nach Rawls also eine gemeinsame Welt intersubjektiv geteilter Gründe und Prinzipien voraus. Vernunft kann nicht allein aufgrund von Beobachtungen extrapoliert, sondern nur durch gemeinsame Argumentation erschlossen werden. Intersubjektive Rechtfertigung setzt somit Kooperation und eine gemeinsame, partikulare Kontexte übergreifende Argumentationsbasis voraus. Intersubjektive Rechtfertigung erfolgt in einer kooperativen Einstellung und setzt auf Verständigung, auf geteilte Gründe, die kontexttranszendierende Kraft besitzen. Eine solche intersubjektive Rechtfertigung von Überzeugungen verlangt aber nicht, dass vollständiger Konsens in einem affirmativen Sinn erzielt werden muss. Zur intersubjektiven Rechtfertigung von Überzeugungen ist keine positive Begründung erforderlich, sondern nur der Nachweis, dass sie nicht auf vernünftige Weise zurückgewiesen werden können („not reasonable to reject").[9]

Die nach dieser Maßgabe erfolgende intersubjektive Rechtfertigung einer religiösen Überzeugung unterscheidet sich vom Nachweis der Rationalität also dadurch, dass sie

1. nach Gründen sucht, die über den ursprünglichen religiösen Kontext hinausreichen und
2. die Verpflichtung zur Begründung deontologisch, als eine unbedingte Pflicht versteht.

Ähnlich wie die Begründung von Rationalität geht aber auch die intersubjektive Rechtfertigung von bereits gegebenen Überzeugungen aus und prüft deren epistemischen Status. Sie leistet keine vollständige positive Begründung, warum eine Person in einer bestimmten Situation genau diese Überzeugung vertreten sollte. Dies leistet erst eine Form von Begründung, die man im Anschluss an Alvin Plantinga „Berechtigung" (*warrant*) nennen kann.[10]

---

[9] Thomas M. Scanlon, „Contractualism and Utilitarianism", in: Amartya Sen/Bernard Williams (Hrsg.), *Utilitarianism and Beyond*, Cambridge 1982, S. 103-128, hier S. 110. Vgl. Rainer Forst, „Praktische Vernunft und rechtfertigende Gründe. Zur Begründung der Moral", in: Stefan Gosepath (Hrsg.), *Motive, Gründe, Zwecke. Theorien praktischer Rationalität*, Frankfurt am Main 1999.

[10] Alvin Plantinga, *Warrant: The Current Debate*, Oxford 1993.

X. Berechtigung

Die Frage nach der Berechtigung stellt sich dann, wenn über die negative und indirekte Rechtfertigung einer Überzeugung hinausgegangen werden soll und nach ihrer positiven und direkten Begründung gefragt wird. Berechtigung ist Begründung im vollen Sinn, hier werden positive Gründe angegeben, warum es vernünftig ist, dass jemand in einer bestimmten Situation genau diese Überzeugung vertritt. Eine solche Art der Begründung von religiösen Überzeugungen rekurriert auf das Verhältnis von Überzeugungen und die Umstände der jeweiligen epistemischen Situation als Basis der Begründung.

Plantinga hat diese spezielle Art von Berechtigung, die er basalen Überzeugungen zuschreibt, im Anschluss an Roderick Firth[11] mit der Eigenschaft „warrant“ bezeichnet. Diese Idee einer bestimmten Art der Rechtfertigung von Überzeugungen hat er in den letzten Jahren in umfangreichen Studien in Auseinandersetzung mit der zeitgenössischen Epistemologie entfaltet und verteidigt.[12] Nach dieser Auffassung können religiöse Überzeugungen, wie etwa der theistische Glaube, dass Gott existiert, als „berechtigterweise basal“ (*properly basic*) gelten, auch wenn sie sich nicht auf andere, evidente Überzeugungen oder Propositionen stützen.[13]

Plantinga zufolge gibt es kein allgemeines Kriterium berechtigter Basalität, also der Basisbegründung von Überzeugungen, das so formuliert werden könnte, dass es selbst unbezweifelbar oder evident, also berechtigterweise basal wäre. Jeder Satz, der ein Kriterium berechtigter Basalität artikuliert, scheint selbst weder evident noch unkorrigierbar zu sein. Ihn als basal zu akzeptieren, verletzt daher gerade das Kriterium, das er zum Ausdruck bringt. Ein solches Kriterium kann aber auch nicht auf dem Weg einer Konklusion aus evidenten Prämissen gewonnen werden, da auf diese Weise erneut das Problem eines epistemischen Regresses entstünde; die Frage nach dem Grund der Evidenz jener Prämissen wäre unvermeidlich. Um ein Kriterium berechtigter Basalität zu gewinnen, verbleibt nach Plantinga daher als einzige Möglichkeit ein ‚induktives’ Vorgehen. Kriterien für die berechtigte Basalität von Überzeugungen sind nicht anders zu gewinnen als auf dem Weg einer induktiven Hypothesenbildung. Die Formulierung von Standards gerechtfertigter Basalität geht also von Überzeugungen aus, die immer schon geglaubt werden, und rekonstruiert deren

---

[11] Roderick Firth, „Epistemic Concepts and Ethical Concepts“, in: A. Goldman/J. Kim (Hrsg.), *Values and Morals*, Dordrecht 1978.

[12] Vgl. A. Plantinga, *Warrant and Proper Function,* Oxford 1993; ders., *Warranted Christian Belief*, Oxford 2000.

[13] A. Plantinga, „Ist der Glaube an Gott berechtigterweise basal?“, in: Christoph Jäger (Hrsg.), *Analytische Religionsphilosophie*, Paderborn/München u.a. 1998, S. 317-330.

Geltungsbedingungen. Die Kriterien der berechtigten Basalität werden somit im Ausgang von den jeweiligen Überzeugungen einer bestimmten Gemeinschaft gewonnen. Daher sei kaum zu erwarten, dass auf diesem Weg universale, für alle Überzeugungsgemeinschaften gleichermaßen akzeptable Kriterien der Rechtfertigung gefunden werden können. Daraus folge jedoch nicht, dass schlechthin alle, also auch sinnlose Aussagen als berechtigt angesehen werden könnten. Die Unterstellung basaler Überzeugungen bedeutet nicht, einen blinden, grund- und kriterienlosen Glauben zu postulieren. Es gibt klare Kriterien, oder wie Plantinga sagen würde, „Festlegungen" innerhalb einer bestimmten epistemischen Praxis, die entscheiden, welche Überzeugungen als basal gelten können und welche nicht. Dabei handelt es sich aber stets um interne Kriterien; jene Festlegungen, die über die Berechtigung basaler Überzeugungen entscheiden, sind mit diesen Überzeugungen intern verknüpft. So können etwa Überzeugungen, die aus einer bestimmten Quelle stammen – z.B. der Wahrnehmung oder der Erinnerung –, sehr wohl durch den Bezug auf andere Quellen korrigiert werden. Dies bedeute aber nicht, dass eine allgemeine, alle Rechtfertigungskontexte übergreifende und nicht-zirkuläre Rechtfertigung der Zuverlässigkeit dieser Überzeugungsquellen möglich wäre. Plantinga zufolge wird die Grundlage der Berechtigung einer Überzeugung also durch epistemisch relevante Eigenschaften jener Situation gebildet, in der sie erworben oder vertreten wird. Diese Eigenschaften müssen keine anderen Überzeugungen sein. Es handelt sich eher um Eigenschaften der Situation, durch die bestimmte Überzeugungen hervorgerufen werden. Diese Eigenschaften der Situation dienen zugleich als Rechtfertigungsinstanz der betreffenden Überzeugungen. Die Grundlage der Berechtigung religiöser Überzeugungen besteht daher in der angemessenen Funktion („proper function") eines kognitiven Systems, in seiner erfolgreichen Anpassung an eine epistemisch relevante Umwelt.

Eine solche Art der Begründung religiöser Überzeugungen kann „objektiv" genannt werden. Die entscheidende Beziehung zwischen Überzeugungen und Gründen besteht hier nämlich weder in der subjektiven Relation einer Überzeugung zu Werten, Präferenzen oder anderen Überzeugungen der betreffenden Person noch in dem intersubjektiven Verhältnis dieser Person zu anderen. Es ist allein die Beziehung der Überzeugungen zu Tatsachen, zu den epistemisch relevanten Eigenschaften jener Situation, in der eine Überzeugung generiert wird, durch die sie begründet wird. Wenn man die Parallelisierung dieser religionsphilosophischen Formen von Begründung mit moraltheoretischen Ansätzen fortführen möchte, so müsste man sagen, dass dieser Typ weder teleologisch, noch deontologisch, sondern realistisch verfährt. Eine solche objektive Berechtigung religiöser Überzeugung kann aber nur aus einer Teilnehmerperspektive erschlossen werden. Anders als die intersubjektive Rechtfertigung ist sie von ihrer Reichweite her nicht kontexttranszendent. Sie begründet auch keine unbedingte Pflicht, Vernunftgründe anzugeben, die auch für jene einsichtig sind, die diese Überzeugungen nicht teilen. Die religiöse Person bleibt jedoch in vielfältige Kooperationszusammenhänge mit anderen, Nicht- oder Andersgläubigen eingebunden, die nach einer intersubjektiven Rechtfertigung verlangen, die kontexttranszendent und aus moralischen Gründen unbedingt geboten ist.

XI. Schluss

Ich habe argumentiert, dass es eine Pflicht zur Begründung religiöser Überzeugungen gibt. Diese Pflicht kann je nach Kontext unterschiedlich begründet werden, im Hinblick auf Werte, Pflichten oder Tatsachen – also teleologisch, deontologisch oder realistisch. Die Arten der Begründung unterscheiden sich je nach Art der Relation zwischen Überzeugung und stützenden Gründen; diese kann subjektiv, intersubjektiv oder objektiv sein. Begründung religiöser Überzeugungen ist also ein komplexer Vorgang, der nicht nur eine einzige Ursache besitzt und nicht nur einem einzigen Kriterium der Vernunft genügen muss. Für die Frage nach der Rechtfertigung religiösen Glaubens in einer pluralistischen Gesellschaft folgt daraus:

Die religiöse Person hat in einer pluralistischen Gesellschaft in bestimmten politischen und rechtlichen Fragen die Pflicht, ihre Überzeugungen so zu rechtfertigen, dass sie im Licht allgemeiner vernünftiger Gründe beurteilt werden können. Sie muss aber nicht befürchten, dass ihr deswegen das Recht auf eine religiös integrierte Existenz, auf eine begründete Überzeugung und auf eine Kritik der säkularen Kultur bestritten wird. Intersubjektive Rechtfertigung gehört zwar notwendig zur Begründung religiöser Überzeugungen. Intersubjektive Rechtfertigung stellt jedoch nur eine Dimension der komplexeren Begründung von Überzeugungen dar. Die Begründung des Glaubens wird daher durch die Forderung nach intersubjektiver Rechtfertigung nicht vollständig abhängig von der Zustimmung anders- oder nichtglaubender Personen.

Über das Verhältnis von Kulturkritik und Religion. Der Beitrag der Kritischen Theorie Horkheimers und Adornos

VON MATTHIAS LUTZ-BACHMANN

In meinem Aufsatz behandele ich den Beitrag der Kritischen Theorie Max Horkheimers und Theodor W. Adornos zur Kulturphilosophie des 20. Jahrhunderts. Er besteht näherhin in einer Präzisierung des Begriffs der Kulturkritik. Dabei gehe ich so vor, dass ich erstens kurz den Begriff der „Kulturindustrie" erläutere, mit dem Horkheimer und Adorno in ihrem in den 1940er Jahren gemeinsam verfassten Buch der „Dialektik der Aufklärung" ihren Beitrag zur Kulturkritik programmatisch eröffnen – ein Begriff, der in der weiteren kulturphilosophischen Debatte des 20. Jahrhunderts eine prominente Rolle spielen sollte (I.). Zweitens beschäftige ich mich mit dem von Adorno später, nämlich in den 1950er und 1960er Jahren, verwendeten Begriff der Kulturkritik im Umfeld seiner eher soziologisch interessierten Schriften (II.). Drittens möchte ich auf dem Hintergrund von argumentativen Schwierigkeiten der Kritischen Theorie – insbesondere Konsistenzproblemen in den Diskussionsbeiträgen von Adorno – auf ein anderes Verständnis von Kulturkritik hinweisen, wie es in den Schriften Max Horkheimers aus der Nachkriegszeit begegnet. In Horkheimers Bestimmung der Aufgaben der Philosophie begegnet denn auch eine Sicht von Religion, die für das Konzept einer kritischen Kulturphilosophie, wie er sie vertritt, bezeichnend ist und an die auch eine heutige Argumentation trotz des inzwischen eingetretenen Zeitabstands zu den Texten der Kritischen Theorie systematisch angeknüpft werden kann (III.).

I. „Kulturindustrie" – ein zentrales Motiv in der „Dialektik der Aufklärung"

In der von Max Horkheimer und Theodor W. Adorno 1944 in den USA gemeinsam verfasste Studie zur „Dialektik der Aufklärung"[1] führen die Autoren den Begriff der „Kulturindustrie" ein. Der analytisch-diagnostische zu verstehende

---

[1] Erschienen erst 1947 im deutschen Exilverlag Querido in Amsterdam, dann längere Zeit vergessen, in der Zeit der Studentenbewegung 1969 im S. Fischer Verlag, Frankfurt, neu ediert und seither vielfach diskutiert.

Begriff der „Kulturindustrie“ soll erklären, weshalb sich in den Gesellschaften des 20. Jahrhunderts der Prozess der Aufklärung – entgegen ihrer ursprünglichen Intention – als ein „Massenbetrug“ vollzieht.[2] Die These von der Aufklärung als Betrug an den Massen der Bevölkerung, der sich in Gestalt der Kulturindustrie vollzieht, weist eine begriffliche Nähe zur namentlich im 18. Jahrhundert virulenten Priestertrugsthese der französischen Aufklärer auf. Während diese jedoch die Priester beschuldigten, sich des Mittels der Religion zu bedienen, um die Masse des Volkes zu betrügen und für sich selbst Herrschaft und wirtschaftlichen Vorteil zu sichern, sehen Horkheimer und Adorno im System der industriellen Reproduktion der Kultur durch die neuen Medien, durch Film, Radio, Magazine „keine schlichte Gruppenherrschaft wirksam, sondern eine Verlängerung der anonymen Gewalt der Industriegesellschaft“[3], durch die die technische und ökonomische Wirklichkeit der Gesellschaft in die Phantasie und Gedankenwelt der Menschen als Kulturkonsumenten transportiert wird. „Die ganze Welt“, schreiben sie, „wird durch das Filter der Kulturindustrie geleitet.“[4]: Die Kulturindustrie prägt somit die gesamte Wirklichkeitserfahrung der Menschen auf diesem Wege und diese selbst. „Unweigerlich reproduziert jede einzelne Manifestation der Kulturindustrie die Menschen als das, wozu die ganze [Kulturindustrie] sie gemacht hat.“[5] Die im Zeitalter ihrer „technischen Reproduzierbarkeit“ allgegenwärtige Kultur trägt unter dem Signum der Kulturindustrie wesentlich zur ideologischen Beherrschung der Massen, zu ihrer Integration in die Arbeits- und Konsumgesellschaft bei.[6] Insofern kann nach Horkheimer und Adorno davon gesprochen werden, dass die Kulturindustrie heute die Funktion übernommen hat, die die ältere, vormarxsche Ideologiekritik, aber auch noch beispielsweise Nietzsche der Religion als Instrument in den Händen der an Herrschaft interessierten Priesterklasse zugeschrieben hatten. Die Kulturindustrie tritt mit ihrem Angebot von Zerstreuung und Amüsement – soziologisch betrachtet – an die Stelle der sozialen und geistigen Integrationsfunktion

---

[2] Der Text zur „Kulturindustrie“-Thematik schließt somit sachlich unmittelbar an die im ersten Hauptteil dieser Schrift entfaltete Generalthese an, dass die Aufklärung, die „das Ziel verfolgt“ habe, von den Menschen die Furcht zu nehmen und sie als maîtres et possesseurs de la nature einzusetzen, im Zeitalter der „vollends aufgeklärten Erde“ im Zeichen triumphalen „Unheils steht“, d.h. Aufklärung in ihr Gegenteil ungeschlagen sei.

[3] Horkheimer/Adorno, *Dialektik der Aufklärung*, S. 135.

[4] Ebd., S. 134.

[5] Ebd., S. 135.

[6] Vgl. hierzu W. Benjamin, *Gesammelte Schriften*, Band I, 2, Frankfurt am Main 1974, S. 431-508. Damit widersprechen die Autoren der „Dialektik der Aufklärung“ der Benjaminschen These vom „fortschrittlichen“ Charakter der Kunstwerke, insbesondere des Films, unter den Bedingungen der „Kulturindustrie“; vgl. hierzu W. Benjamin, ebd., insb. S. 447-462, 467-469.

der Religion, die diese in vormodernen Gesellschaften innehat. In diesem Sinn stellen Horkheimer und Adorno bereits im ersten Satz ihres Kulturindustrie-Kapitels programmatisch fest: „Die soziologische Meinung, dass der Verlust des Halts [der Menschen] in der objektiven Religion, die Auflösung der letzten vorkapitalistischen Residuen, die technische und soziale Differenzierung und das Spezialistentum in kulturelles Chaos übergegangen sei, [alle diese Annahmen werden] alltäglich Lügen gestraft. Kultur heute schlägt alles mit Ähnlichkeit. Film, Radio, Magazine machen ein System aus. Jede Sparte ist einstimmig in sich und alle zusammen."[7]

Die Kulturindustrie avanciert zum Grundmodell der Kultur im 20. Jahrhundert, und ihr Signum besteht darin, dass sie „die falsche Identität von Allgemeinem und Besonderem"[8] herstellt. Diese falsche Identität zeigt sich nicht nur daran, dass vermittels der modernen Massenmedien die Individuen weit wirksamer in die Gesellschaft integriert werden, als dies in vormoderner Zeit andere Integrationsmittel vermocht hatten, sondern auch an der Auflösung des klassischen Kunstwerks und dessen Individualität durch die Techniken der Standardisierung und Serienproduktion; denn es war nach Horkheimer und Adorno ein zentrales Moment der stilbildenden Merkmale der großen Kunstwerke der Vergangenheit, dass der Künstler sich eines allgemeinen Stils als Mittel bediente, um in der individuellen Weise seines Umgangs mit ihm dem einzelnen Kunstwerk dessen Ausdruckskraft zu verleihen. Dieses Verfahren gestattete es der überlieferten Kunst, dem Kunstwerk ein Moment von „negativer Wahrheit" einzuprägen, nämlich die Wahrheit vernehmbar zu machen, dass kein Individuelles restlos in die Allgemeinheit eines Stils aufgehoben werden kann, so dass es seine Individualität verliert. In dieser „negativen" Wahrheit der Kunst war für Horkheimer und Adorno die zutreffende Einsicht festgehalten, dass Form und Inhalt, Innen und Außen, Individuum und Gesellschaft nicht in Harmonie und miteinander übereinstimmen. Genau dadurch aber habe die große Kunst dem Leiden der Menschen an der Ungerechtigkeit in der Gesellschaft Ausdruck verliehen und dazu beitragen können, dass die Betrachter, Hörer oder Leser eines Werks zumindest in ihrem Denken über die realen Begrenzungen der Gesellschaft, in der sie lebten, hinausgehen konnten. Mit dem Übergang der Kultur aber in das Zeitalter der Kulturindustrie geht für die Autoren der „Dialektik der Aufklärung" genau diese Leistung der Kunst verloren und damit die große Kunst selbst. An die Stelle des verbindlichen Stils tritt ihrer Analyse zufolge nun die schiere Imitation, die alles mit Ähnlichkeit schlägt. „Die großen Künstler", schreiben Horkheimer und Adorno, „waren [in der Geschichte der

---

[7] Ebd., S. 128.
[8] Ebd.

europäischen Kultur] niemals jene, die den Stil am bruchlosesten [...] verkörperten, sondern jene, die den Stil als Härte gegen den chaotischen Ausdruck von Leiden, als negative Wahrheit, in ihr Werk aufnahmen. Im Stil der Werke gewann der Ausdruck die Kraft, ohne die das Dasein ungehört zerfließt."[9] Nicht in der schlichten Nachahmung, sondern in der kreativen Neuschöpfung, in der singulären Durchführung und einzigartigen Ausformung eines Stils zeigt sich für Horkheimer und Adorno die große Kunst. Diese Eigentümlichkeit verliert die Kunst im Zeitalter ihrer mechanischen Reproduzierbarkeit, indem sie allen geistigen Sinns beraubt nur noch äußere Form und Stil, jeweils neue Mode zu sein beansprucht. „Kulturindustrie [...] setzt die Imitation absolut. Nur noch Stil, gibt sie dessen Geheimnis preis: nämlich den Gehorsam gegen die gesellschaftliche Hierarchie. Die ästhetische Barbarei heute", die Horkheimer und Adorno in den staatlichen Kunstprogrammen des Faschismus und Kommunismus, aber auch in der der industriellen Erzeugung und Vermarktung der Kunst in der marktliberalistischen Gesellschaft erblicken, „vollendet, was den geistigen Gebilden droht, seitdem man sie als Kultur zusammengebracht und neutralisiert hat. Von Kultur zu reden war immer schon wider die Kultur."[10]

II. Kulturkritik bei Adorno

Von den inneren Ambivalenzen des Begriffs der überlieferten europäischen Kultur und dem analysierten Substanzverlust der Kunst im gesellschaftlichen Prozess eines Übergangs zur modernen Kulturindustrie zeugen auch die späteren Beiträge von Horkheimer und Adorno im thematischen Zusammenhang mit der Analyse von Phänomenen der Kulturindustrie nach dem Zweiten Weltkrieg. Aus Anlass des 75. Geburtstags des Kölner Soziologen Leopold von Wiese legte Adorno im Jahr 1951 einen bereits 1949 verfassten Aufsatz unter dem Titel „Kulturindustrie und Gesellschaft" vor, in dem er die Fragestellungen des Kulturindustrie-Kapitels der „Dialektik der Aufklärung" kulturtheoretisch vertieft. Zur Diskussion steht hier insbesondere die Gestalt des bürgerlichen „Kulturkritikers". Der ihn charakterisierende innere Widerspruch besteht darin, dass er alleine der von ihm kritisierten Kultur das verdankt, was er an ihr kritisiert. „Er redet", schreibt Adorno, „als verträte er sei's ungeschmälerte Natur, sei's einen höheren geschichtlichen Zustand, und ist doch notwendig vom gleichen Wesen wie das, worüber er [sich] erhaben [...] dünkt."[11]

---

[9] Ebd., S. 138.
[10] Ebd., S. 139.
[11] Adorno, Kulturkritik und Gesellschaft, in: ders., *Gesammelte Schriften*, Band 10.1, Kulturkritik und Gesellschaft I, Frankfurt am Main 1977, S. 11.

Wie diese Metakritik des Kulturkritikers bereits deutlich werden lässt, sieht Adorno diese Gestalt der Kulturkritik unreflektiert mit dem Kulturbetrieb verbunden. Hierfür macht er soziologische Gründe geltend, insofern der soziale Typus des Kulturkritikers dem sich entfaltenden bürgerlichen Kunstmarkt der freien Presse und den Feuilletons des 19. Jahrhunderts entspringt. In der Sache reflektiert sich in der Kulturkritik die gewissermaßen auf halbem Wege stecken gebliebene Emanzipation des Bürgertums, die dort eklatant wird, „wo der Geist an den eigenen Ketten zerrt", nämlich in der fragilen Gestalt der öffentlichen Kritik in der bürgerlichen Gesellschaft und ihrer Medien, deren Freiheitsspielräume in ökonomischen Krisenzeiten jederzeit eingeschränkt werden können. „Entscheidend ist, dass die souveräne Geste des Kritikers den Lesern die Unabhängigkeit vorspielt, die er nicht hat, und die Führerschaft sich anmaßt, die unvereinbar ist mit seinem eigenen Prinzip geistiger Freiheit."

Auch der Kulturkritiker ist nichts anderes als ein Teilnehmer am Marktgeschehen, seine Zuständigkeit ist vom Erfolg, d.h. der Nachfrage nach seinem Produkt, seiner Kritik also, abhängig. Zugleich verzeichnet der Kritiker der Kultur deren wahren Gehalt, in dem er ihn – noch einmal, wie bereits der allein ökonomischen Gesetzen folgende Kunstmarkt – in falscher Weise vergegenständlicht. Während für Adorno der wahre Gehalt der Kunst darin bestünde, die Vergegenständlichung der menschlichen Beziehungen aufzuheben, die sie in der kapitalistischen Gesellschaft durch die Warenproduktion unter dem Kapitalverhältnis, d.h. unter „der Verfügung über fremde Arbeit"[12], annehmen, werden in der bürgerlichen Epoche aus Kunstwerken Kulturgüter, die einen „Wert", einen Marktwert eben annehmen. Diese von der Integration der Kunst unter die Sphäre der Ökonomie bewirkte Vergegenständlichung der Kunst wird in der gängigen bürgerlichen Kulturkritik nicht nur nicht bemerkt, sondern durch deren unreflektierten Umgang mit der Kultur geradezu verdoppelt. „Indem [der Kulturkritiker] Kultur zu seinem Gegenstand macht, vergegenständlicht er sie nochmals. Ihr [d.h. der Kultur] eigener Sinn aber ist die Suspension von Vergegenständlichung. Sobald sie selbst zu ‚Kulturgütern' und deren abscheulicher philosophischer Rationalisierung, den so genannten ‚Kulturwerten' gerinnt, hat sie bereits gegen ihre raison d'être gefrevelt."[13]

Die von Adorno so analysierte und zugleich kritisierte bürgerliche „Kulturkritik teilt mit ihrem Objekt [d.h. der Kultur] dessen Verblendung"[14], und zu dieser zählt Adorno die Annahme, zu einem Bereich reiner, autonomer Geltung jenseits gesellschaftlicher Zusammenhänge zu gehören. Diesen Schein, dem

[12] Ebd., S. 16.
[13] Ebd., S. 15.
[14] Ebd., S. 21.

auch Soziologen wie Max Weber[15] verfallen sind, dem sich später Jürgen Habermas[16] anschließen sollte, kann Adorno zufolge alleine eine „immanente Kritik der Kultur“[17] aufbrechen, und das heißt eine dialektisch verfahrende Theorie, die einerseits die berechtigten Motive der überlieferten bürgerlichen Kulturkritik aufnimmt, andererseits zugleich über deren Grenzen hinausgeht. Die von Adorno favorisierte Kulturtheorie hat somit die Aufgabe, „eine immanente Kritik geistiger Gebilde“[18] zu leisten: „Immanente Kritik geistiger Gebilde heißt, in der Analyse ihrer Gestalt und ihres Sinns den Widerspruch zwischen ihrer objektiven Idee und jener Prätention zu begreifen, und zu benennen, was die Konsistenz und Inkonsistenz der Gebilde an sich von der Verfassung des Daseins ausdrückt.“[19]

Damit intendiert Adorno eine Theorie, die an jedem einzelnen Kunstwerk dasjenige Moment herausarbeitet, das nicht „die objektiven Widersprüche zum Trug der Harmonie versöhnt“, sondern das vielmehr „die Idee von Harmonie negativ ausdrückt, indem es die Widersprüche rein, unnachgiebig, in seiner innersten Struktur prägt“[20] und so in der besonderen und von keinem anderen Medium ablösbaren Weise den Antagonismus der Gesellschaft als unvernünftig erkennen lässt.

III. Kulturkritik als Philosophie

Mit diesem Plan einer immanenten Kritik der Kultur verfolgt Adorno das ambitionierte philosophische Programm, zwei einander widerstreitende Kulturtheorien miteinander zu vermitteln: nämlich die im Marxismus seinerzeit vorherrschende Reduktion der Sphäre der Kultur und der Sprache der Kunst auf die Struktur der Klassengesellschaft einerseits und die von der bürgerlichen Kulturkritik in umgekehrter Komplementarität zum marxistischen Reduktionismus vertretene These einer Autonomie der Kunst andererseits. Einlösen kann Adorno sein Programm einer „dialektischen Kulturtheorie“ aber nur, wenn es ihm gelingt, in der Immanenz der Betrachtung der Werke der Kunst bereits diejenigen Antinomien freizulegen, die seine Theorie in letzter Instanz als die objekti-

---

[15] Vgl. Max Weber, *Gesammelte Aufsätze zur Religionssoziologie*, Band 1, Tübingen 1978, Zwischenbetrachtung, S. 536-573, ins. S. 555.

[16] Vgl. Jürgen Habermas, *Theorie des kommunikativen Handelns*, Band 1, Frankfurt am Main 1981, S. 207-365.

[17] Ebd., S. 23.

[18] Ebd., S. 27.

[19] Ebd.

[20] Ebd.

ven Widersprüche der Gesellschaft identifiziert. Dies aber setzt voraus, dass Adorno die Widersprüche in der Gesellschaft nicht nur soziologisch beschreiben kann, sondern sie zugleich philosophisch als Antinomien der Vernunft zu rekonstruieren vermag. Hierzu benötigt Adorno eine Theorie der objektiven, d.h. der gesellschaftlich bedingten, allgemeinen Unvernunft, die er – wie an seinem späteren Hauptwerk der „negativen Dialektik" deutlich wird – vor allem aus einer materialistischen Kritik der Hegelschen Philosophie glaubt ableiten zu können.

Es ist hier nicht der Ort, darüber abschließend zu befinden, ob es Adorno gelungen ist, dieses ambitionierte Projekt philosophisch einzulösen. Eines aber soll festgehalten werden: Das Programm einer immanenten, negativ-dialektisch verfahrenden Kulturkritik setzt auf der Seite seines Erkenntnisgegenstands, nämlich der Kunst, diejenige Authentizität von Kunst noch voraus, die die radikalen Thesen von Horkheimer und Adorno über den Einbruch der „Kulturindustrie" in der „Dialektik der Aufklärung" jedoch gerade bestreiten. Adorno scheint dieses Problem eines möglichen inneren Widerspruchs seiner Kulturtheorie selbst auch wahrgenommen zu haben und zieht in seinem weiteren Werk daraus den nahe liegenden Schluss, sich in ihm weniger mit dem Phänomen der zeitgenössischen Massenkultur als mit den Werken der in seiner Sicht zu Ende gehenden bürgerlichen Kunst noch vor dem Auftreten der „Kulturindustrie" zu beschäftigen, deren authentischer Kunstcharakter vermeintlich noch nicht verloren gegangen ist.

Anders verfährt dagegen Max Horkheimer. Wie in seinen 1958 beim I. Internationalen Kulturkritiker-Kongress in München vorgetragenen Überlegungen deutliche wird, die er 1959 unter dem Titel „Philosophie als Kulturkritik" – also 10 Jahre nach Adornos Aufsatz – veröffentlicht hat, setzt Horkheimer weniger auf eine immanente-dialektische Durchdringung der authentischen Werke der Kunst, um von hier aus den objektiven Vernunftwiderspruch der bürgerlichen Kultur und Gesellschaft zu entlarven, als vielmehr auf eine Rehabilitierung der Philosophie im Sinne einer Theorie, die sich ihrer eigenen Grundlagen diskursiv-argumentativ versichern muss. Bei Horkheimer begegnet, zumal im Spätwerk, zumindest im Ansatz das Programm einer Rekonstruktion von Philosophie als argumentativer Reflexion im Unterschied zu Adornos Programm von Philosophie als „negativer Dialektik" oder „immanenter Kritik objektiver Unvernunft". In diesem Sinn schreibt Horkheimer: „Kritik, Bewusstsein der Differenz, war stets die Kraft des philosophischen Gedankens, der sich als das Wesen der Wirklichkeit und zugleich als deren Gegensatz erfährt, von der handelt."[21]

[21] Max Horkheimer, Philosophie als Kulturkritik, in: ders., *Gesammelte Schriften*, Band 7, Frankfurt am Main 1985, S. 85.

Damit profiliert Horkheimer die Philosophie als „die theoretische" und zugleich „praktische Anstrengung, den Widerspruch zu überwinden zwischen der daseienden, erfahrenen Wirklichkeit, wie sie je nach der erreichten Stufe der Erkenntnis erscheint, und einer der Vernunft entsprechenden Welt, in der das Subjekt als autonomer Geist sich wiederfinden kann."[22] Da es aber gerade die Einsicht der „Dialektik der Aufklärung" ist, dass das Vernunftkonzept der Aufklärung gescheitert ist, weil es im positivistischen Reduktionismus der empirischen Wissenschaften terminiert, ist Max Horkheimer in seinen Ausführungen des Jahres 1959 bestrebt, in einer erneuten historisch-systematischen Rekonstruktion des Programms der – wie er sie nennt – „europäischen" Philosophie die Motive herauszuarbeiten, an die die zeitgenössische Anstrengung des philosophischen Begriffs anschließen kann.

In diesem Zusammenhang rehabilitiert Horkheimer nicht nur Motive der antiken Philosophie, nämlich als Kritik des Polytheismus, sondern er rezipiert positiv auch Einsichten der Theologie wie z.B. der Kirchenväter. Über diese schreibt Max Horkheimer: „Die Kirchenväter waren Aufklärer in weitem Maß. Sie widersprachen, darin Erben der großen antiken Philosophie, dem Heidentum und den abergläubischen, astrologischen Vorstellungen ihres Zeitalters und nicht zuletzt – wie Augustinus – dem fanatischen christlichen Sektierertum." Auch die von der christlichen Theologie inspirierte Philosophie des Mittelalters würdigt Horkheimer positiv und die von ihr vertretene „Einheit von Glauben und Wissen, Theologie und Philosophie" sowie die „Stütze der Offenbarung durch vernünftige Argumente" [in der mittelalterlichen Philosophie]. Skepsis befällt Horkheimer jedoch angesichts der Frage, inwieweit er den Menschen in den europäischen Gesellschaften die Kraft zur Durchführung des Kritikprogramms der Philosophie meint noch zutrauen zu können. Der Rekurs auf die Werke der Kultur – wie ihn Adorno vorschlägt –erscheint ihm dabei eher als der falsche Weg; denn im Zuge der weltweiten ökonomischen Liberalisierung der Gesellschaften sinkt die Kultur zum bloßen „Bildungsgut herab". Sie dient den Menschen allenfalls als ein „Instrument, sei es zur erforderlichen Popularität, sei es zur Erhaltung von Beziehungen, letzten Endes zur Abwehr privaten und beruflichen Unheils".[23] Und in ausdrücklicher Distanzierung von Adorno fügt er den Gedanken hinzu: „All dies meint zugleich, dass Kulturkritik im Grunde keinen Gegenstand mehr hat. Es ist überflüssig [wie es Adorno vorschlägt, Anm. d. Autors], dass man heute noch Theorie als Ideologie erst auf die vor-

[22] Ebd., S. 84.
[23] Ebd., S. 100.

herrschende gesellschaftliche Praxis bezieht, um sie ihres absoluten Anspruchs zu entkleiden."[24]

Zur Entmächtigung der Kultur und deren ideologischer Verklärung durch die Kulturkritik hat bereits die Weiterentwicklung der Industriegesellschaften zur nachmodernen Arbeits- und Freizeitgesellschaft nachhaltig beigetragen. Dabei sieht Horkheimer, dass die Menschen in vielen Bereichen des gesellschaftlichen Lebens einen Zuwachs an Autonomie verzeichnen können. Doch dies bedeutet wiederum nicht einen Zuwachs an objektiver, d.h. intersubjektiv-gesellschaftlicher Freiheit und öffentlicher Vernunft; denn die Menschen müssen „angesichts der raffinierten Besonderung auf allen Gebieten alle Entscheidungen den Spezialisten, den Sachverständigen und Kommissionen überlassen, deren Qualifikation kein Mensch mehr zu beurteilen vermag".[25] Angesichts dieser Entwicklung und gerade in ihnen vollziehen sich gesellschaftliche Heteronomie und erhebliche Freiheitsverluste für die Menschen. In dieser Situation hoffe ein jeder nurmehr, „dass es nicht schlimmer wird" und die Sicherung des bloßen Überlebens wird zum einzigen Lebenssinn für die Masse der Bevölkerung. Dass angesichts dieser Situation die Philosophie noch einmal „als geschichtliche Kraft das politische Geschehen positiv mitzubestimmen vermöchte, ist [für Horkheimer] eine Illusion".[26] Doch diese Einsicht enthält für ihn kein Plädoyer zur Resignation. Denn wenn es richtig ist, was Horkheimer am Ende seines Vortrags behauptet, „dass ein Gedanke, der ganz ohnmächtig ist, auch seine Wahrheit verliert"[27], dann ist der Verweis auf die in der Religion mehr als in anderen Sinnsystemen der Gesellschaft nach wie vor (und heute mehr denn je) praktisch lebendigen Gedanken zugleich ein Hinweis auf ihre philosophische Wahrheit. Hierzu schreibt der späte Horkheimer im Jahr 1971: „Die in der Religion lebendige „Sehnsucht [...], dass die Wirklichkeit der Welt mit all ihrem Grauen kein Letztes sei, vereint und verbindet alle Menschen, die sich mit dem Unrecht dieser Welt nicht abfinden wollen und können, Gott wird so zum Gegenstand der menschlichen Sehnsucht und Ehrung. Er hört auf, Objekt des Wissens und Besitzes zu sein. Ein so verstandener Glaube gehört unabdingbar zu dem, was wir menschliche Kultur nennen."[28]

So fragmentarisch und unausgearbeitet diese Auskunft philosophisch auch sein mag, sie ist bei Horkheimer gleichbedeutend mit einer Rehabilitierung des Programms der Philosophie und der neuen Aufgabe, die er in diesem Zusammenhang der jüdischen (und christlichen) Religion zuspricht: Philosophie und

---

[24] Ebd., S. 100 f.
[25] Ebd., S. 102.
[26] Ebd., S. 95.
[27] Ebd., S. 102.
[28] Max Horkheimer, Bemerkungen zur Liberalisierung der Religion, ebd., S. 238 f.

Religion, zumindest die religiöse Tradition, die von einer „negativen Theologie“ bestimmt ist, werden von Horkheimer, wie dies bereits im ersten Kapitel der „Dialektik der Aufklärung“ ersichtlich wird, als Gestalten von Aufklärung, von öffentlich wirksamer Kritik anerkannt, ohne dass die eine der anderen den Platz anweist.[29] Ich sehe in diesen Zusammenhängen bei Max Horkheimer eine Reflexion über das Verhältnis von Philosophie und Religion grundgelegt, die ich als ein neues Paradigma im Verhältnis von philosophischer Vernunftkritik und Religion bezeichnet habe. Horkheimer erkennt, dass in einer Situation der Philosophie „nach der Religionskritik“ Philosophie und Religion in einem neuen Verhältnis zueinander stehen: „Sie sind theoretisch aufeinander verwiesen, wenn es darum geht, einen erweiterten Begriff von öffentlicher Vernunft, befreit von den Restriktionen eines szientistischen Positivismus oder epistemologischen Naturalismus zu begründen. Die Besonderheit dieser rationalen Verwiesenheit aufeinander besteht in der Anerkenntnis, dass die Einsichten und Begründungsleistungen, die von den Aussagen der Religion, der Wissenschaft und der Philosophie auf eine jeweils eigenständige Weise gewonnen und zur allgemeinen Beurteilung vorgelegt werden, einander nicht nur ergänzen können, sondern in gewisser Weise sogar ergänzen müssen, ohne allerdings von einem ‚Teilsystem' in ein anderes restlos übersetzbar zu sein.“[30] Mit den vernunftkritischen Reflexionen seiner Spätphilosophie bereitet Max Horkheimer eine kritische Theorie der Kultur und der Religion vor, deren Ausarbeitung bis heute ein offenes Desiderat darstellt.

---

[29] Vgl. hierzu M. Lutz-Bachmann, „Religion – nach der „Dialektik der Aufklärung“, in: *Jahrbuch für Religionsphilosophie*, Bd. 1 (2002), S. 138-147.

[30] M. Lutz-Bachmann, „Religion nach der Religionskritik“, in: K. Dethloff/L. Nagl/F. Wolfram (Hrsg.), *Religion, Moderne, Postmoderne. Philosophisch-theologische Erkundungen*, Berlin 2002, S. 97.

Religion als Kulturkritik

Von Friedo Ricken

„Wenn die Liturgiereform maßgeblich vom Faktor der Inkulturation lebt [...]", so heißt es im Bericht der *Frankfurter Allgemeinen Zeitung* über den Besuch von Kardinal Ratzinger beim Deutschen Liturgischen Institut in Trier, „inwieweit muss sich das liturgische Tun abgrenzen von der Welt, die es umgibt, um seine Botschaft authentisch verkündigen zu können? Man kann in der Tat nicht dauernd den zunehmenden Mangel an Kultur des Glaubens beklagen und zugleich bei der eigenen gottesdienstlichen Feier den Gesetzen einer Gesellschaft folgen, die diesen Glauben marginalisiert [...] Inwieweit ist also [...] Inkulturationsverweigerung ein wichtiger Gestaltungsfaktor künftiger christlicher Liturgie?"[1] Wenn wir den Terminus ‹Liturgie› durch ‹Religion› ersetzen, dann stellt dieser Text uns vor folgendes Dilemma: Religion ist angewiesen auf Inkulturation; nur so kann sie den Menschen vermittelt werden. Aber kann Religion sich in einer Gesellschaft inkulturieren, welche den religiösen Glauben zunehmend marginalisiert? Der religiöse Glaube ist also offensichtlich mit zwei einander widersprechenden Forderungen konfrontiert: der Inkulturation und der Inkulturationsverweigerung. Damit ist der Aufbau des Folgenden gegeben. Ich beginne mit einer Position, die für eine radikale Inkulturation plädiert (I), um dann die Gegenthese zu entwickeln (II) und schließlich zu fragen, wie Inkulturation und Inkulturationsverweigerung sich miteinander verbinden lassen (III).

I.

Die Menschheit sei gegenwärtig, so stellt John Dewey in seiner Schrift *A Common Faith* (1934)[2] fest, weltanschaulich in zwei Lager gespalten. Auf der einen Seite stehen die Religionen, für die der Begriff des Übernatürlichen wesentlich sei; nach einer verbreiteten Auffassung verdiene nur das religiös genannt zu werden, was es wie auch immer mit dem Übernatürlichen zu tun habe. Das gegnerische Lager ist der Überzeugung, dass „der Fortschritt von Kultur und Wissenschaft das Übernatürliche vollkommen diskreditiert hat und mit ihm alle Religionen, die mit dem

---

[1] Stefan Klöckner, „Wann fängt die Kritik an? Denkwürdig: Kardinal Ratzinger bei den deutschen Liturgikern", in: *Frankfurter Allgemeine Zeitung*, 11. Dezember 2003, Nr. 288, S. 39.

[2] In: John Dewey, *The Later Works* 1925-1953, vol.9: 1933-1934, ed. by Ann Boydstone, Carbondale and Edwardswill 1986, S. 1-39.

Glauben an es verbündet waren"[3]. Innerhalb dieser Gruppe unterscheidet Dewey zwischen Gemäßigten und Extremisten, und diese Unterscheidung ergibt sich aus der für seine eigene Position grundlegenden Unterscheidung zwischen der oder einer Religion auf der einen und dem Religiösen auf der anderen Seite. „Die Extremisten in dieser Gruppe glauben, dass mit der Elimination des Übernatürlichen nicht nur die historischen Religionen verabschiedet werden müssen, sondern mit ihnen alles von einer religiösen Natur"[4]. Die historischen Wissenschaften widerlegen den Anspruch einer Religion auf den übernatürlichen Charakter ihres Stifters; die Psychologie erklärt den Ursprung vermeintlich übernatürlicher Erlebnisse; damit sind die Fundamente der historischen Religionen untergraben und mit ihnen fällt nach dieser extremen These alles Religiöse.

Gemeinsam ist den Anhängern der Religion und den radikalen Vertretern des Fortschritts die Identifikation des Religiösen mit dem Übernatürlichen. Deweys Anliegen ist es, beides zu trennen. Er sieht im Übernatürlichen eine Belastung, welche das in der Erfahrung gegebene Religiöse daran hindert, seine volle Kraft zu entfalten.

Werfen wir, bevor wir nach Deweys Begriff des Religiösen und des religiösen Glaubens fragen, zunächst einen Blick auf seine Beschreibung der Krise der historischen Religionen in einer von der Wissenschaft bestimmten Kultur. Alle Religionen, so führt Dewey aus, enthalten Lehren, für die sie einen Wahrheitsanspruch erheben und Zustimmung fordern. Sie haben heilige Schriften, die historisches Material enthalten, mit dem die Gültigkeit der Religion verknüpft ist. Sie behaupten, einen besonderen Zugang zu den Wahrheiten zu haben, die sie lehren. Die gegenwärtige Krise der Religion sei durch diese Ansprüche bedingt. Aussagen über den Ursprung der Welt, über astronomische, geologische, biologische und historische Sachverhalte seien so eng mit der Religion verflochten, dass sie mit ihr identifiziert würden, und der Fortschritt der Wissenschaft mache es für die Gebildeten zunehmend schwer, wenn nicht gar unmöglich, ihnen zuzustimmen. Für sie gelte: Je mehr „diese Ideen als Grundlage und Rechtfertigung der Religion gebraucht werden, um so zweifelhafter wird die Religion"[5].

Alle Religionen haben sich bemüht, eine Perspektive in die zusammenhanglosen und wechselnden Episoden der menschlichen Existenz zu bringen. Dewey schlägt vor, diesen Topos umzukehren und zu „sagen, dass was immer eine echte Perspektive einführt ist religiös, nicht dass die Religion etwas ist, das sie einführt"[6]. Entsprechend beschreibt er den religiösen Glauben „als die Einigung des Selbst durch Treue zu inklusiven idealen Zielen, welche die Vorstellungskraft uns zeigt und auf

[3] Ebd., S. 3.
[4] Ebd., S. 3.
[5] Ebd., S. 22.
[6] Ebd., S. 17.

welche der menschliche Wille antwortet als würdig, unser Wünschen und Wählen zu kontrollieren"[7]. Die Artikel des Glaubensbekenntnisses einer Religion müssen symbolisch verstanden werden; sie sind Symbole für Ziele, die uns in vielen Formen der Erfahrung bewegen. Die in den Glaubensbekenntnissen symbolisierten idealen Werte charakterisieren die menschliche Erfahrung in Wissenschaft, Kunst und bei der Bildung von Gemeinschaften. Ziele und Ideale existieren nicht lediglich im Geist; sie existieren im Charakter, in der Persönlichkeit, in der Handlung. Sie üben einen bestimmenden Einfluss auf das menschliche Verhalten aus. Künstler, Forscher, Eltern, Freunde und hilfsbereite Bürger zeigen, dass diese Ideale wirksam sind.

Deweys Anliegen ist es, diese Ideale von den umstrittenen Begründungen, welche die Religionen ihnen geben, zu befreien. Diese Ideale sind in unserer Erfahrung gegeben. Sie verlieren nichts von ihrer Geltung, wenn wir zugeben, dass sie ausschließlich aufgrund der Tatsache, dass sie Ideale sind, den Anspruch erheben, unser Verhalten zu bestimmen. Wenn wir sie mit den historischen Religionen zu übernatürlichen Entitäten hypostasieren, fügen wir damit ihrer Kraft nichts hinzu, im Gegenteil: Wir schwächen den Anspruch, den sie uns gegenüber erheben, insofern wir diesen Anspruch auf eine intellektuell zweifelhafte Grundlage stellen, und die Beschäftigung mit der Frage nach den übernatürlichen Ursachen dieser Werte hält uns davon ab, diese Ideale zu verwirklichen.

Das Religiöse ist nach Dewey das ideale Element des Lebens und der Kultur. Es wird durch den Begriff des Übernatürlichen und durch die historischen Religionen entstellt. Inkulturation bedeutet Befreiung von der historischen Religion, damit das Religiöse in der Kultur seine volle Wirkkraft entfalten kann. Deweys Kultur ist von den Werten Wissenschaft und Fortschritt bestimmt. Das Streben nach naturwissenschaftlicher Erkenntnis hat religiösen Charakter, „weil man sieht, dass das Wachstum im Verständnis der Natur organisch bezogen ist auf die Bildung idealer Ziele"[8], denn der Fortschritt der Naturwissenschaft eröffnet neue Möglichkeiten.

Der grundlegende Streitpunkt zwischen den Religionen und der von der Naturwissenschaft geprägten Kultur sind nicht bestimmte Inhalte, Dogmen oder Thesen, sondern die Methode. Dewey lässt nur eine Methode gelten, und das ist die der Naturwissenschaften. Die Kluft zwischen dem Gegenstandsbereich der Religion und dem der Naturwissenschaft wird sich, so lautet seine Voraussage, schließen. Sie „mag allenfalls nur eine jetzt bestehende Grenze reflektieren, die aber in der Zukunft zu beseitigen sein wird"[9].

---

[7] Ebd., S. 23.
[8] Ebd., S. 38.
[9] Ebd., S. 24.

II.

Dewey deutet den religiösen Glauben von der Kultur her, in der er lebt; Pascal deutet die Kultur, in der er lebt, vom religiösen Glauben her. Dewey kennt nur *eine* Wissenschaft und deren Methode; Pascal unterscheidet zwischen dem Studium der abstrakten Wissenschaften und dem Studium des Menschen. Er erkennt, dass die abstrakten Wissenschaften dem Menschen nicht angemessen sind. Eine szientistische Kultur weicht der Frage nach der *condicio humana* aus; sie widmet sich den abstrakten Wissenschaften, weil sie unfähig ist, den Menschen zu studieren. Ich erkannte, „dass ich von meiner Lage weiter abirrte, wenn ich mich in sie [sc. die abstrakten Wissenschaften] vertiefte, als die anderen, wenn sie nichts von ihnen kannten [...] Nur weil man es nicht vermag, das zu studieren, bemüht man sich um das übrige" (La687/Br144)[10].

Pascals Verständnis der Kultur setzt sein Verständnis der *condicio humana* voraus; Kultur ist der Versuch des Menschen, seiner Lage zu entfliehen oder den Bruch, den er in sich erfährt, zu verdecken. Der Mensch ist orientierungslos. Er „weiß nicht, welchen Platz er einnehmen soll, er hat sich offensichtlich verirrt und ist von seinem wahren Ort herabgesunken, ohne ihn wiederfinden zu können. Ruhelos und ohne Erfolg sucht er ihn überall in einer unergründlichen Finsternis" (La400/Br427). Der Mensch erfährt einen inneren Zwiespalt. „Die Begierde ist für uns natürlich geworden und hat unsere zweite Natur bewirkt. Also gibt es zwei Naturen in uns, die eine gut, die andere böse" (La616/Br660). Freuden und Wünsche täuschen uns. „Salomo und Hiob haben das Elend des Menschen am besten erkannt und am besten darüber gesprochen, der eine war der glücklichste Mensch und der andere der unglücklichste. Der eine kannte aus Erfahrung die Eitelkeit der Freuden, der andere die Wirklichkeit der Übel" (La403/Br174). „Der Mensch erkennt, daß er elend ist. Er ist also elend, weil er es ist, aber er ist sehr groß, weil er es erkennt" (La122/Br416). Aber er verschließt vor dieser Erkenntnis die Augen, und das ist sein größtes Elend.

Wurzeln der Kultur sind der Verlust der wahren Natur, falsche Eigenliebe und Eitelkeit, Unbeständigkeit und Flucht vor der eigenen Wirklichkeit. „Da er die wahre Natur verloren hat, wird alles zu seiner Natur" (La397/Br426); an die Stelle der Natur tritt die Gewohnheit. „Das Gefühl der Falschheit der gegenwärtigen Freuden und die Unkenntnis der Eitelkeit der fehlenden Freuden bewirken Unbeständigkeit" (La73/Br110). Wir brauchen die Zerstreuung, um uns von unserer unglücklichen Lage abzulenken und uns so vermeintlich glücklich zu machen (La889/Br165). Der Vorzug eines hohen öffentlichen Amtes besteht darin, dass

[10] La: B. Pascal, „Pensées", in: *Oeuvres complètes*, hrsg. von Louis Lafuma, Paris 1952, S. 493-641. Br: B. Pascal, *Pensées*, hrsg. von Léon Brunschvicg, Paris 1897.

man vom frühen Morgen an eine große Zahl von Menschen empfängt, die einem keine Zeit lassen, um über sich selbst nachzudenken (La 136/Br 139). „Das Einzige, was uns über unser Elend hinwegtröstet, sind die Zerstreuungen. Und doch sind sie unser größtes Elend. Denn gerade sie sind das Haupthindernis, wenn wir über uns selbst nachdenken wollen, und sie stürzen uns unmerklich ins Verderben" (La414/Br171).

Die Gewohnheit zerstört die Natur und setzt sich an ihre Stelle. „Aber was ist die Natur eigentlich? Warum ist die Gewohnheit nicht natürlich? Ich befürchte sehr, dass diese Natur selbst nur eine erste Gewohnheit ist, wie die Gewohnheit eine zweite Natur ist" (La126/Br93). Pascal zeigt diese Grundlage der Kultur ausführlich am Beispiel von Recht und Gerechtigkeit. „Wie die Mode das Vergnügen bestimmt, so bestimmt sie auch das Recht" (La61/Br309). Mit der wahren Natur haben wir das wahre Recht, das Naturrecht, verloren. „Wenn wir es hätten, so nähmen wir nicht als Regel der Gerechtigkeit, daß man den Sitten seines Landes folgen soll. Das heißt, da man nicht die Gerechtigkeit entdecken konnte, hat man die Gewalt entdeckt" (La86/Br297). „Die Gewohnheit [ist] die ganze Gerechtigkeit, allein deshalb, weil sie eingebürgert ist. Das ist der mystische Grund der Autorität." Wer die Gesetze auf eine naturrechtliche Grundlage zurückführen will, vernichtet sie. Wer den Gesetzen gehorcht, weil sie gerecht sind, „gehorcht einer Gerechtigkeit, die er sich einbildet, aber nicht dem Wesen des Gesetzes". Das Gesetz ist ein Wunderwerk der menschlichen Einbildung. „Die Kunst, Staaten in Aufruhr zu versetzen und umzuwälzen, besteht darin, die herkömmlichen Gewohnheiten zu erschüttern, indem man sie bis zu ihrer Quelle ergründet, um ihren Mangel an Autorität und Gerechtigkeit zu ergründen" (La59/Br296).

Eine tief im Herzen des Menschen verwurzelte Triebkraft des kulturellen Schaffens ist die Eitelkeit. Der Soldat, der Koch und selbst der Philosoph wollen ihre Bewunderer haben, und wer gegen die Eitelkeit schreibt, will dafür bewundert werden, dass er gut gegen sie geschrieben hat (vgl. La627/Br150). „Die Bewunderung verdirbt schon von Kindheit an alles. Oh, wie gut das gesagt ist. Oh, wie gut er das gemacht hat" (La63/Br151). Das Wesen der Eigenliebe besteht darin, nur sich selbst zu lieben und nur sich selbst zu achten. Der Gegenstand dieser Liebe ist jedoch voller Fehler. Diese missliche Lage erzeugt einen tiefen Hass des Ich gegen alle, die es seiner Fehler überführen. Es möchte sie vernichten, und da es das nicht kann, vernichtet es sie soweit möglich in seinem Bewusstsein und in dem der anderen, d.h. es richtet seine ganze Mühe darauf, vor sich selbst und vor den anderen seine Fehler zu verbergen. Wir hassen die Wahrheit und die, welche sie uns sagen, und wir wollen von den anderen anders eingeschätzt werden, als wir wirklich sind. „Wir hassen die Wahrheit, man verbirgt sie uns; wir wollen, daß man uns schmeichelt, man schmeichelt uns; wir lassen uns gern täuschen, man täuscht uns [...] So ist das menschliche Leben ein fortwährender Trug; man tut nichts anderes, als sich gegenseitig zu täuschen und zu schmeicheln [...] Die Eintracht unter den Menschen beruht nur auf diesen gegenseitigen Betrügereien; und wenige Freundschaften würden fortbestehen, wenn jeder wüßte, was sein Freund über ihn sagt, sobald er nicht dabei ist" (La978/Br100).

Wie sieht Pascal das Verhältnis von Religion und Kultur? Die christliche Religion lehrt die Menschen zwei Wahrheiten: dass es einen Gott gibt, zu dessen Erkenntnis die Menschen fähig sind, und dass es in der Natur eine Verderbnis gibt, welche die Menschen Gottes unwürdig macht. Pascal betont, dass es notwendig ist, beide Wahrheiten zu kennen. Es ist möglich, Gott zu kennen, ohne das eigene Elend zu kennen; dazu ist die Kultur imstande. Aber eine solche Gotteserkenntnis ist nutzlos, unfruchtbar und gefährlich. Sie entspringt der Eitelkeit und führt zum Hochmut der Philosophen. Dagegen ist die Erkenntnis der *condicio humana*, des eigenen Elends und des wahren Zustandes der Kultur, nur durch die Offenbarung möglich; sie hält im Geheimnis der Erbsünde der Kultur einen Spiegel vor, in dem diese sich selbst erblickt. „Es ist jedoch etwas Erstaunliches, daß das Mysterium, das von unserer Erkenntnis am weitesten entfernt ist, nämlich jenes von der Fortpflanzung der Erbsünde, etwas ist, ohne das wir keine Selbsterkenntnis erreichen können [...] Gewiß ist uns nichts stärker zuwider als diese Lehre. Und doch sind wir ohne dieses Mysterium, das unbegreiflichste von allen, uns selbst unbegreiflich [...] So kommt es, daß der Mensch sich ohne dieses Mysterium noch schwerer begreifen läßt, als dieses Mysterium dem Menschen begreiflich ist" (La131/Br434). Die Kultur ist aus sich selbst nicht imstande, sich selbst und ihre Triebkräfte zu erkennen; sie kommt erst durch die Offenbarung zu sich selbst. Indem die Kultur im Spiegel der Offenbarung sich selbst erkennt, erkennt sie die Wahrheit der Offenbarung. Sie erkennt, dass ihr hier die Wahrheit über sich selbst gesagt wird.

Die christliche Religion führt jedoch nicht nur zur Erkenntnis des menschlichen Elends; sie ist zugleich Botschaft von der Erlösung. Es „ist für den Menschen gleichermaßen gefährlich, Gott zu erkennen, ohne sein eigenes Elend zu erkennen, und sein eigenes Elend zu erkennen, ohne den Erlöser zu erkennen, der ihn davon heilen kann. Eine von diesen Erkenntnissen allein bewirkt entweder den Hochmut der Philosophen, die Gott, aber nicht ihr Elend erkannt haben, oder die Verzweiflung der Atheisten, die ihr Elend, aber keinen Erlöser erkennen" (La449/Br556).

Die Religion führt die Kultur zur Selbsterkenntnis, und sie erschließt ihr zugleich eine neue Wertdimension. Das Fragment über die drei Ordnungen (La308/Br793) unterscheidet zwischen der irdischen Größe, die mit den Augen des Leibes gesehen werden kann, der geistigen, nur den Augen des Geistes sichtbaren Größe und der Größe Jesu Christi, die nur den Augen des Herzens sichtbar ist. Die Ordnung des Fleisches wird repräsentiert durch die Könige, die Reichen und die Feldherrn; zur Ordnung des Geistes gehören die großen Genies wie Archimedes, der keine Schlachten geschlagen, aber allen Geistern seine Einsichten geschenkt hat. Diese beiden Ordnungen entspringen den Triebkräften der Kultur: in der Ordnung des Fleisches herrscht die Begierde, in der Ordnung des Geistes die Neugierde (vgl. La933/Br460).

Jesus Christus verkörpert nicht die Werte der Kultur; er darf nicht an ihnen gemessen werden; er gehört einer anderen Ordnung an. Er war nicht reich, er hat nicht regiert, er hat keine Schlachten geschlagen, und er hat nichts erfunden und keine Leistungen auf dem Gebiet der Wissenschaft vollbracht. Er konfrontiert die Kultur mit einer neuen, ihr fremden Größe, und deshalb nimmt die Kultur an ihm Anstoß. Es ist lächerlich, Anstoß an der Niedrigkeit Christi zu nehmen, denn wenn wir bei ihm von Niedrigkeit sprechen, dann messen wir seine Größe mit dem Maßstab der beiden anderen Ordnungen. „Man betrachte doch diese Größe in seinem Leben, in seinem Leidensweg, in seiner Verborgenheit, in seinem Tod [...], in seiner geheimen Auferstehung und in allem übrigen. Man wird sie als so erhaben erkennen, daß man keinen Grund haben wird, Anstoß an einer Niedrigkeit zu nehmen, die es bei ihm nicht gibt" (La308/Br793).

III.

Im Unterschied zu Dewey zeichnet Pascal ein negatives, pessimistisches Bild der Kultur. Er fragt nach dem Verhältnis der christlichen Religion zur faktischen Kultur, wie er sie vorfindet und wie er sie sieht, und er stellt uns damit vor die Frage, ob wir seine Sicht der Kultur teilen; das Verhältnis von Kultur und Religion kann nicht unabhängig davon geklärt werden. Pascal arbeitet mit einem deskriptiven Begriff der Kultur. ‹Kultur› wird aber auch als präskriptiver oder wertender Terminus gebraucht. Wir stellen die Kultur der Barbarei entgegen; wir unterscheiden zwischen einer hohen und einer weniger hohen Stufe der Kultur; wir urteilen über einen Menschen, er habe keinerlei Kultur; der einzelne Mensch steht unter der Forderung, sich zu kultivieren, und eine Gesellschaft steht unter der Forderung, eine Kultur zu entwickeln. Wenn wir mit einem normativen Begriff der Kultur arbeiten, können wir das Verhältnis von Religion und Kultur unabhängig von einer faktisch bestehenden Kultur und deren Einschätzung zu klären versuchen.

Als ein solcher normativer oder wertender Begriff der Kultur bietet sich die Habituslehre der aristotelisch-thomistischen Tradition an. Der Habitus prägt die Kultur, und er wird von der Kultur geprägt. Der gesamte Bereich dessen, was wir unter Kultur verstehen, lässt sich in Beziehung setzen zu den dianoetischen und ethischen Tugenden des Aristoteles: Wissenschaft, Technik, bildende Kunst, Dichtung, Musik, die verschiedenen Formen und Ordnungen der menschlichen Gemeinschaft und des menschlichen Zusammenlebens. Tugenden sind Fähigkeiten, in einer

Kultur zu leben, Kultur zu erleben und Kultur zu schaffen. Tugenden werden durch Lernen und Gewöhnung erworben. Deshalb setzen sie eine Kultur voraus: Wissenschaften, die studiert und weiterentwickelt werden können, Institutionen, welche die verschiedenen Künste pflegen, ein System der Erziehung und Bildung und als Rahmen des Ganzen eine Rechtsordnung. Tugend ist ein wertender und vorschreibender Begriff. Die Tugenden sind die Vollendung der verschiedenen Fähigkeiten, welche den Menschen auszeichnen. Die ethischen Tugenden sind die Werte und Ideale des menschlichen Zusammenlebens. Die dianoetischen Tugenden lassen den Menschen die Wahrheit erkennen; die Wissenschaft fragt, in welchem Sinn auch immer, nach der Wahrheit, und für die Werke der Technik und der Kunst gibt es Gesetze, denen sie entsprechen müssen.

Wie verhält sich eine solche normativ verstandene Kultur zum religiösen Glauben? Eine Antwort im Sinne des Thomas von Aquin lässt sich in drei Thesen zusammenfassen: 1. Der religiöse Glaube erschließt eine die Kultur übersteigende Dimension des menschlichen Lebens, und er kann deshalb nicht auf die Kultur reduziert werden. Hier steht Thomas auf der Seite Pascals gegen Dewey. 2. Der religiöse Glaube setzt diese Kultur voraus; sie ist sein notwendiges Fundament. 3. Der religiöse Glaube muss in sich eine Kultur entwickeln, und dafür ist er angewiesen auf die Tugenden, welche die säkulare Kultur schaffen.

1. Die *Summa theologiae* beginnt mit der Frage, ob es notwendig sei, außer den philosophischen Disziplinen eine andere Lehre zu haben. Für das Heil des Menschen, so die Antwort, war es notwendig, dass es außer den philosophischen Disziplinen, die durch die menschliche Vernunft erforscht werden, eine Lehre gibt, die von der göttlichen Offenbarung ausgeht, denn der Mensch sei auf Gott hingeordnet als auf ein Ziel, das die Fassungskraft der Vernunft übersteigt (S.th.I q.1a.1). Der Mensch hat ein natürliches Verlangen, die letzte Ursache von allem zu erkennen (S.th.I q.12a.1), aber dazu ist die Vernunft nicht imstande. Es ist unmöglich, dass der geschaffene Intellekt durch seine natürlichen Kräfte das Wesen Gottes schaut (S.th.I q.12a.5). Thomas unterscheidet zwischen einer zweifachen Glückseligkeit: der unvollkommenen Glückseligkeit, der Betätigung der aristotelischen Tugenden, und der vollkommenen Glückseligkeit, der Schau des Wesens Gottes (S.th.I 2 q.5a.5). Damit der Mensch seine Absichten und Handlungen auf ein Ziel ausrichten kann, muss er dieses Ziel zuvor erkannt haben. „Deshalb war es für den Menschen zum Heil notwendig, dass ihm durch die göttliche Offenbarung bekannt gemacht würde, was die menschliche Vernunft übersteigt" (S.th.I q.1a.1).

2. Platon beschreibt im *Symposion* (211c) den Aufstieg vom erotischen Erlebnis der körperlichen Schönheit über das sittlich Gute und die Schönheit der Wissenschaften bis zum an sich Schönen, und Plotin betont in seiner Darstellung dieses Aufstiegs besonders die Notwendigkeit der sittlichen Läuterung für die Schau des Einen (I 6 [1] 9). Religion setzt als elementare notwendige Bedingung eine Kultur

der Sittlichkeit voraus; wie kein anderer hat Kant unseren Blick dafür geschärft, dass jede Religion sich am Kriterium der reinen praktischen Vernunft bewähren muss. Die Intuition, die er damit auf den Begriff bringt, ist Allgemeingut des religiösen Bewusstseins. Das zeigt ein Blick auf Platons *Euthyphron* oder etwa auf Ps 15: „Herr, wer darf Gast sein in deinem Zelt, wer darf weilen auf deinem heiligen Berg? Der makellos lebt und das Rechte tut". Die christliche Aszetik lehrt die *via purgativa*. Auf die vollkommene Glückseligkeit, die Schau des Wesens Gottes als sein letztes Ziel, wird der Mensch nach Thomas durch die göttlichen Tugenden Glaube, Hoffnung und Liebe ausgerichtet. Die göttlichen Tugenden werden in der *Summa theologiae* nach den Kardinaltugenden behandelt (S.th.I 2 q.a.1); sie bauen auf ihnen auf. Die Tugend des Glaubens setzt die Kenntnis des natürlichen Sittengesetzes und die Kultur der sittlichen Einsicht, der Gerechtigkeit, der Besonnenheit und der Tapferkeit voraus.

3. „Denn weil die Gnade die Natur nicht aufhebt", so argumentiert Thomas, „sondern vollendet, ist es notwendig, daß die natürliche Vernunft dem Glauben dient, so wie auch die natürliche Neigung der Liebe [caritas] gehorcht" (S.th. I q.1a.8 ad 2). Das Vollkommene vollendet das Unvollkommene, aber das Vollendende ist auf das zu Vollendende angewiesen; das Vollkommene braucht das Unvollkommene, um es vollenden zu können; das Ganze ist mehr als die Teile, aber es ist nicht ohne die Teile. Thomas führt diesen Gedanken aus am Beispiel des Verhältnisses der Glaubenswissenschaft zu den philosophischen Disziplinen; wir dürfen ihn ausweiten auf das Verhältnis der verschiedenen Bereiche der Kultur zum religiösen Glauben. Der Glaube ist für seine Entfaltung auf die verschiedenen Bereiche der Kultur angewiesen. Die *sacra doctrina* ist Wissenschaft (scientia; S.th. I q.1a.2). Sie hat ihre eigenen Prinzipien, aber sie ist angewiesen auf den Habitus der Wissenschaft, der in der Fähigkeit des richtigen Folgerns besteht. Sie bedient sich der verschiedenen philosophischen Disziplinen, um ihre Inhalte augenscheinlicher zu machen „wegen der Schwäche unseres Intellekts, der aus dem, was durch die natürliche Vernunft, von der die anderen Wissenschaften ausgehen, erkannt wird, leichter zu dem geführt wird, was über der Vernunft ist" (S.th. I q.1a.5 ad 2). „Es ist aber dem Menschen natürlich", so heißt es bei der Frage, ob die Heilige Schrift Metaphern gebrauchen müsse, „daß er durch das Sinnliche zum Intelligiblen kommt, denn alle unsere Erkenntnis hat den Anfang vom Sinn" (S.th. I q.1a.9). Der religiöse Glaube braucht die verschiedenen Formen des Kulturschaffens, um seine Inhalte zu versinnlichen und so den Zugang zu ihnen zu erschließen. Thomas fragt, ob die *sacra doctrina* Weisheit sei. Weise in einem bestimmten Bereich werde genannt, wer die höchste Ursache dieses Bereiches betrachte, „wie im Bereich des Gebäudes der Künstler, welcher die Form des Hauses festlegt, weise genannt wird und Baumeister hinsichtlich der untergeordneten Meister, welche das Bauholz bearbeiten oder die Steine bereiten" (S.th. I q.1a.6). Der Bau-

meister ist auf die Handwerker angewiesen, und die Qualität des Hauses hängt ab von der Qualität ihrer Arbeit.

Inwieweit ist Inkulturationsverweigerung ein wichtiger Gestaltungsfaktor des religiösen Glaubens in einer säkularisierten Gesellschaft? Der religiöse Glaube transzendiert die Kultur; er lässt sich nicht mit Dewey auf die Werte einer demokratischen Gesellschaft reduzieren und durch den Fortschritt der Wissenschaft aufheben. Er bringt die Kultur zum Bewusstsein ihrer selbst; er hält ihr den Spiegel vor, so dass sie vor ihrem eigenen Bild erschrickt; er erschließt neue Wertdimensionen. Die Offenbarung gibt dem menschlichen Leben einen Sinn und ein Ziel, das alles menschliche Begreifen übersteigt: „was kein Auge gesehen und kein Ohr gehört hat und in keines Menschen Herz gekommen ist, was Gott bereitet hat denen, die ihn lieben" (1 Kor 2,9; vgl. S.th. I q.1.a.1). Aber dieser Glaube, welcher die Kultur übersteigt, bedarf der Kultur. Er baut auf dem Fundament der Kultur auf, und er braucht die Kultur, um sich selbst zu entfalten und zu vermitteln.

Kognition – Emotion – Rationalität. Zur pragmatischen Hermeneutik religiöser Erfahrung

VON MATTHIAS JUNG

Nach einer Einsicht Charles Taylors zeichnen sich die Kinder der Moderne dadurch aus, dass ihnen nicht nur das Gelingen ihres persönlichen Lebens, sondern die Sinnhaftigkeit des Lebens überhaupt fraglich werden kann: „Moderns can anxiously doubt whether life has meaning or wonder what its meaning is."[1] In einer täglich mehr globalisierten Welt wächst daher der Bedarf an Orientierung und Sicherheit exponentiell mit der Vervielfältigung von Sinnangeboten, Wahlmöglichkeiten und Daseinsrisiken. Nur um den Preis eines verkrampften Fundamentalismus können sich Menschen noch ins Schneckenhaus einer einzigen verbindlichen Tradition zurückziehen und jene Erfahrung von Kontingenz und Unsicherheit vermeiden, die so typisch für moderne Lebenswelten ist. Unter den Bedingungen der pluralen Moderne fällt dabei unvermeidlich, anders als etwa in den auf Amtsträger bzw. religiöse Eliten beschränkten Religionsdisputen des Mittelalters, ein schwerer Akzent auf die Urteilskraft und Rationalität gewöhnlicher Individuen. Gefordert ist die persönliche Fähigkeit, komprehensive, tragfähige Wertungen zu entwickeln, durch die sich die Geschichte des eigenen Lebens und seiner mit anderen geteilten Überzeugungen und Hoffnungen angesichts einer sich rasant verändernden Realität zum Ausdruck bringen lässt. Traditionsgeprägte Kulturen unterstellten die individuelle Lebenserfahrung vorab der verbindlichen Einheit eines religiösen und moralischen Sinns, dessen mögliche Diversität nur im abgesonderten Gehege akademischer Dispute diskursfähig war; die Töchter und Söhne der Moderne hingegen bringen ganz ungeniert die Messlatte ihrer gelebten Erfahrung an alles heran, was mit dem Anspruch auf Geltung vorgetragen wird.

In dieser Situation muss sich, so möchte ich argumentieren, die religionsphilosophische Reflexion als eine *Theorie religiöser Erfahrung* verstehen, wenn sie der Art und Weise gerecht werden will, in der wirkliche Menschen religiöse Überzeugungen erwerben, verändern oder auch ablegen. Indem Religionsphilosophie nach der Eigenstruktur lebensweltlicher religiöser Erfahrung – im Unterschied etwa zu dem methodisch dominierten Erfahrungsmodus der Naturwis-

[1] Charles Taylor, *Sources of the Self. The Making of the Modern Identity*, Cambridge 1989, S. 16.

senschaften – fragt, erschließt sie gleichzeitig einen hermeneutischen Horizont, der die Verständigung zwischen verschiedenen Formen des Glaubens untereinander und mit agnostischen oder atheistischen Weltdeutungen, aber auch den Dialog mit dem naturwissenschaftlich geprägten Denken erleichtert. Als *Hermeneutik* religiöser Erfahrung untersucht Religionsphilosophie die vielfältigen Beziehungen, die zwischen den symbolischen Gehalten der religiösen Traditionen und dem lebensweltlichen Realitätsverhältnis der Ersten Person Singular und Plural bestehen können, als *pragmatische* Hermeneutik hält sie daran fest, dass Überzeugungen in Handlungszusammenhängen entstehen und der Handlungsorientierung dienen. Kurz: Pragmatische Hermeneutik unterscheidet sich von traditioneller dadurch, dass sie die Kategorie des Sinnverstehens an die Handlungsinteressen des Individuums in einer widerständigen Ding- und Sozialwelt bindet, wie sie einzig in emotional gefärbten, spezifisch erstpersonalen Erfahrungen sichtbar werden.

Religionsphilosophie bedarf demnach einer philosophischen Theorie lebensweltlicher Erfahrung und ebensolcher Rationalität, die das Affektive und mithin die Teilnehmerperspektive leiblicher Vernunftwesen tief in ihre Konzeptualisierungen eingelassen hat. Von dieser ausgehend, hätte sie sodann die irreduzible Eigenart jener genuin religiösen Erfahrungsform zu analysieren, in der sich die letzten und umfassendsten Überzeugungen und Praktiken eines Menschen ausbilden. Wo ihr dies gelingt, vermag sie es, eine fundamentale Vermittlungsaufgabe zu übernehmen: sie stellt dann nämlich ein Sprachspiel bereit, das sich sowohl mit der Sprache der Theologie als der wissenschaftlichen Binnenreflexion des Glaubens als auch mit dem außerreligiösen Diskurs in Wissenschaft und Gesellschaft vermitteln lässt. Der begriffliche Raum der Religionsphilosophie kann gewissermaßen durch zwei entgegengesetzte Türen betreten werden, von „außen“ und von „innen“. In dieser Vermittlungsfunktion zwischen nichtreligiösen Weltdeutungen und Sprachspielen einerseits und der begrifflichen Bearbeitung der Glaubensformen – den Theologien – andererseits sehe ich eine zentrale Aufgabe von Religionsphilosophie. Zu ihrer Erfüllung ist sie auch auf die Arbeit der Religionswissenschaft angewiesen, in der die „Vielfalt religiöser Erfahrung“ (William James) ebenso wie die – von James ausgeblendete – Vielfalt religiöser Gemeinschaftsformen, Institutionen und Riten mithilfe eines multidisziplinären Methodenrepertoires der Forschung zugänglich gemacht wird.

Wie lässt sich nun die Sinnstruktur religiöser Erfahrung, ausgehend von dem Tatbestand unhintergehbarer Pluralität, genauer fassen? Indem Menschen Erfahrungen machen und diese artikulieren, bilden sie sich selbst, bilden sie ihr Selbst. Und indem sie die Fähigkeit erwerben, komprehensive Orientierungen für den Vollzug ihres Lebens zu artikulieren, erwerben sie religiöse Bildung.

Ich möchte daher im Folgenden das Thema religiöser Erfahrung am Leitfaden der religiösen Bildung des Selbst entfalten und diese dabei vorab als eine spezifische Verbindung kognitiver und emotionaler Elemente begreifen. Der Genitivus „Bildung des Selbst“ ist natürlich objektiv *und* subjektiv zu verstehen: Menschen sind die Subjekte ihrer Bildungsgeschichte, in deren Verlauf sie Überzeugungen erwerben, die in ihr Selbst wiederum modifizierend eindringen. Diese Gedanken werden in einer Folge von vier Schritten entfaltet. Ich frage:

I.) nach der Perspektive der Ersten Person,
II.) nach dem Zusammenhang von Erfahrung, Artikulation und Rationalität,
III.) nach der Rolle affektiver Integration und schließlich
IV.) nach dem Geltungsmodus artikulierter religiöser Erfahrung.

I. Die Perspektive der Ersten Person

Das System der Personalpronomina, seit Wilhelm von Humboldt als ein linguistisches Universale anerkannt, lässt sich als Rahmen für eine erste Präzisierung des Erfahrungsbegriffs nutzen. Es gilt hier, die religiöse Bildung des Selbst zunächst konsequent als Korrelat jener spezifischen Stellung zur Wirklichkeit zu denken, die uns in alltäglicher, gewöhnlicher Erfahrung – nicht aber in wissenschaftlichen Kontexten – leitet: der Perspektive der Ersten Person. Entscheidend ist hier die Differenz zur Dritten-Person-Perspektive. Denn der im Personalpronomen der Dritten Person indizierte Weltbezug des unbeteiligten Beobachters ist zwar für die Epistemologie der Naturwissenschaften maßgeblich, nicht aber für die Art und Weise, in der am Gelingen ihres eigenen Lebens interessierte Menschen sich das Weltwissen und die Handlungskompetenzen ihrer Kultur zueignen. Das epistemische Subjekt der Wissenschaftstheorie ist nicht das Selbst der religiösen Bildung, weil es affektiv und volitional neutralisiert ist. In religiösen Bildungsprozessen stehen Menschen vor der Frage, welche letzten Orientierungen sie in ihr eigenes Handlungs- und Überzeugungssystem aufnehmen wollen. Was zur Aneignung ansteht, sind dementsprechend keine neutralisierten kognitiven Gehalte, sondern holistisch miteinander verflochtene Ensembles aus Praktiken, Einstellungen und Überzeugungen, kommuniziert aus der Perspektive der Ersten Person Plural. Religiöse Bildung kann daher pragmatisch als der Prozess individueller Auseinandersetzung mit jenen religiösen Sinnentwürfen erscheinen, die aus der Perspektive jeweils eines Individuums als mögliche Kandidaten für die Aufnahme in sein persönliches, handlungsleitendes Überzeugungssystem erscheinen. Solche Kandidaten hat William James mit einem glücklichen Ausdruck in seinem Essay *The Will to*

Believe als „genuine options“[2] bezeichnet und dabei zu Recht betont, dass neben kognitiven Aspekten affektive Angemessenheit und eine befriedigende Orientierung des Willens entscheidend dafür sind, ob eine religiöse Praktik bzw. Überzeugung als lebendig oder tot erscheint. Die hier operative Rationalität ist eine affektiv imprägnierte, und dies ist kein epistemischer Mangel, sondern die Bedingung der Möglichkeit des Sichtbarwerdens der Sache selbst. Konstitutiv für den Standpunkt der Ersten Person, das Weltverhältnis des Selbst, ist die Verbindung von Erfahrung und Bewertung: das im Verlauf des gelebten Lebens jeweils Erfahrene wird vom Individuum im Lichte seiner Zu- und Abträglichkeit für eben dieses Leben bewertet, neue Erfahrungen erscheinen vorab in der Beleuchtung übergreifender Bewertungen, und nur durch wertende Stellungnahmen zu dem Strom qualitativer Eindrücke formt sich ein reflexives Selbst aus. Eine zentrale Einsicht Martha Nussbaum aus ihrem *opus magnum* über Emotionen aufnehmend, ließe sich sagen: religiöse Überzeugungen haben die Form *eudämonistischer Urteile*, wenn anders wir in solchen Urteilen geltend machen, was für uns zum Begriff eines gelingenden Lebens konstitutiv hinzugehört.[3]

Um die Bedeutung solcher fundamentalen Interpretationsprozesse für den Begriff des menschlichen Selbst herauszustellen, hat *Charles Taylor*, an *Harry Frankfurt* anknüpfend, sein Konzept der „starken Wertungen“ entwickelt. Frankfurt unterscheidet zwischen Wünschen erster und solchen zweiter Ordnung – zwischen Wünschen, die Menschen schlicht haben und solchen, die sich reflexiv und bewertend auf erstere beziehen – und betrachtet diese kategoriale Differenz als das Grundmuster unseres Personseins: „Kein Tier außer dem Menschen scheint [...] die Fähigkeit zur reflektierenden Selbstbewertung zu haben, die sich in der Bildung von Wünschen zweiter Stufe ausdrückt.“[4] Taylor übernimmt diesen Gedanken, weitet ihn aber in zwei entscheidenden Richtungen aus. Zum einen unterscheidet er zwischen zwei Arten von Wünschen zweiter Ordnung, die mit zwei sehr verschiedenen Bewertungsweisen verknüpft sind. ‚Schwache‘ Wertungen sind nach Taylor Wünsche zweiter Ordnung, in denen die Wünsche erster Ordnung nicht qualitativ bewertet, sondern nur in eine Präferenzordnung gemäß ihrer Stärke oder Realisierbarkeit gebracht werden. Diesem Typus von Wertungen entspricht ein zweckrationales Denken. In religiöser Hinsicht wird ein nur schwach wertendes Selbst dazu neigen, sich

---

[2] William James, *The Will to Believe and Other Essays in Popular Philosophy/Human Immortality* (*both books bound into one*), New York/Dover 1956, S. 3.

[3] Vgl. Martha Nussbaum, *Upheavals of Thought. The Intelligence of Emotions*, Cambridge 2003, S. 31 f. u. *passim*.

[4] Harry G. Frankfurt, „Willensfreiheit und der Begriff der Person“, in: Peter Bieri (Hrsg.), *Analytische Philosophie des Geistes*, Bodenheim ^{2}1993, S. 288.

synkretistisch diejenigen Bestandstücke der religiösen Tradition anzueignen, die den eigenen Wünschen und Ängsten unmittelbar fördernd oder lindernd korrespondieren. Anders bei ‚starken' Wertungen: hier bewerten wir unsere Wünsche erster Stufe gemäß der „Beschaffenheit unserer Motivation“ in einer „Sprache wertender Unterscheidungen, in der Wünsche als edel und gemein, als integriert oder fragmentiert, als mutig oder feige, als umsichtig oder blind usw. beschrieben werden. Dies bedeutet jedoch, dass sie kontrastiv charakterisiert sind.“[5] Starke Wertungen erfordern evaluative Rationalität und sie sind intrinsisch mit dem Selbstbild, der Identität des Wertenden verknüpft.

An dieser Stelle kommt nun der zweite Aspekt ins Spiel. Taylor arbeitet nämlich heraus, dass starke Wertungen stets den Charakter von *Artikulationen* haben, von – zumeist sprachlichen – Symbolismen, in denen das Selbst seine Erfahrung interpretiert. Beim Artikulieren geht es nicht um eine beschreibende, neutrale Charakterisierung innerer Zustände, sondern um ihre Bewertung und Integration in ein kohärentes Selbstkonzept. „Diese Art der Formulierung oder Reformulierung jedoch lässt den Gegenstand nicht unverändert. Etwas eine bestimmte Artikulation zu verleihen bedeutet, unser Verständnis von dem zu formen, was wir wünschen oder was wir in einer bestimmten Weise für wichtig halten.“[6] Artikulationen sind normativ und hermeneutisch, und sie sind intrinsisch an eine subjektive Perspektive gebunden. Indem sie unseren empirischen Charakter auslegen, bestimmen sie zugleich, wer wir sein wollen. Nur das artikulierte Selbst ist daher ein Selbst im vollen Sinn, ein Individuum, das sich über seine fundamentalen Wertungen und identitätsstiftenden Präferenzen klar geworden ist. Dass jedes menschliche Selbst darauf angewiesen ist, sein Selbst- und Weltverhältnis in starken Wertungen zu artikulieren, bildet den Ausgangspunkt für eine pluralismuskompatible Theorie religiöser Erfahrung.

Denn im Prozess der Artikulation verbindet sich die persönliche, qualitative Erfahrung von Subjekten, die durch ihre individuelle Geschichte geprägt sind, mit den symbolischen Medien ihrer sozialen Umwelt. Pragmatisch betrachtet, bilden sich Individuen, indem sie von jenen kulturellen Symbolismen Gebrauch machen, die ihnen dabei helfen, ihre starken Wertungen zu artikulieren. Weil Erfahrung immer nur als artikulierte selbstbildend wirkt, Werte, Symbole und Glaubensformeln aber eine genuin soziale Angelegenheit darstellen, verbindet das Konzept des artikulierten Selbst den methodischen Ansatz bei individueller Erfahrung – die Perspektive der Ersten Person *Singular* – intern mit dem sozialen Raum, in dem solche Erfahrungen möglich werden, und der durch Bereitstellung symbolischer Ressourcen ihre Artikulation erst möglich macht – mit

---

[5] Charles Taylor, „Was ist menschliches Handeln?“, in: ders., *Negative Freiheit? Zur Kritik des neuzeitlichen Individualismus*, Frankfurt am Main 1992, S. 11.

[6] Ebd., S. 58.

der Perspektive der Ersten Person *Plural*. Die Bedeutung des eigenen Lebens kann niemand für sich alleine artikulieren – so wenig, wie jemand für sich alleine glauben kann. Wie in konkreten religiösen Traditionen das Verhältnis von Ich, Du, Wir und Dritten Personen jeweils gefasst wird, ist daher eine wichtige Fragestellung der Hermeneutik religiöser Erfahrung.

II. Erfahrung, Artikulation und Rationalität

Wenn die religiöse Bildung des Selbst konsequent von der Spezifik der Erste-Person-Einstellung her gedacht wird, dann rückt zwangsläufig jener Prozess vormethodischer, gewöhnlicher Erfahrung ins Zentrum, in dem sich, wie schon Mead gesehen hatte, die Ausbildung eines individuellen Selbst und die Aneignung der Wirklichkeit in einem Zug vollziehen. Solche Erfahrung individuiert und dezentriert gleichzeitig: sie schafft immer hochgradiger spezifische Relevanzhierarchien, affektive Reaktionsmuster und symbolische Kontexte, durch die ein jeder Mensch zum Individuum geprägt wird, bringt aber gleichzeitig auch die Möglichkeit hervor, durch die Verinnerlichung anderer Perspektiven einen dezentrierten Standpunkt einzunehmen, sich beispielsweise als Glied einer Gemeinschaft von Glaubenden zu bekennen. Dieser Prozess hat natürlich eine *kommunikative* Grundstruktur, denn nur durch den Austausch symbolischer Bedeutungen über den Gehalt qualitativer Erfahrung kann diese das Hier und Jetzt überdauern und zu Einstellungsmustern und Handlungsorientierungen verstetigt werden. Die religiöse Bildung des Selbst erscheint unter diesem Gesichtspunkt als Ermöglichung von Erfahrung durch die Kommunikation anderer und zumal kulturell vorausliegender Erfahrungen.

Warum ist die Kommunikation von Erfahrungen von so fundamentaler Bedeutung? Weil erst der Kommunikationsprozess die symbolische Formung von Erfahrung und damit ein reflexives, autonomes Verhältnis von Selbst und Gehalt ermöglicht. Was sich daher nach seiner intersubjektiven Seite als Kommunikation darstellt, zeigt sich im Blick auf die Erste Person Singular als der interne Zusammenhang von Erfahrung und Artikulation. Im Prozess der Erfahrung gelangen zwei wohl zu unterscheidende Aspekte durch eine Aktivität des Erfahrungssubjekts zur Vermittlung: der qualitativ-fließende Strom von Eindrücken, Stimmungen, eigenleiblichen Empfindungen etc., den man, die Terminologie Frankfurts erweiternd, als ‚mentale Zustände erster Ordnung' charakterisieren könnte, und jenes Ensemble von Symbolen, Regeln und Handlungsmustern, das jedes Erfahrungssubjekt wie eine Hülle aus sozialem Sinn umgibt. Nur indem beides in einer individuellen Artikulationsleistung zusammenkommt, entsteht Erfahrung im eigentlichen Sinn, formieren sich ‚mentale Zustände zweiter

Ordnung', durch die die Bedeutung gelebter qualitativer Erfahrung bestimmt wird.

Religiöse Selbstbildung und Erfahrung sind nach dieser Überlegung intern miteinander verbunden, und religiöse Rationalität lässt sich entsprechend als Erwerb von Artikulationskompetenz zwecks Ausbildung starker Wertungen begreifen. In starken Wertungen übernimmt ein Selbst die Verantwortung für den Vollzug des eigenen Lebens, indem es diesen im Licht von Symbolismen artikuliert, die ihm sein sozialer Raum zugänglich macht. Wenn religiöse Bildung sich am Leitfaden ihrer Angemessenheit für die starken, identitätskonstitutiven Wertungen eines Menschen entfaltet, verbindet sie diesen mit den Geltungsansprüchen, die in dem evaluativen Vokabular der kulturellen Tradition implementiert sind. Schwache Wertungen kommen ohne Dezentrierung aus, während starke Wertungen das sich artikulierende Selbst nötigen, sich auch auf die kognitiven und normativen Aspekte jener kulturellen Symbolismen einzulassen, die ihm jeweils als „genuine options" für die Aufnahme ins eigene Überzeugungssystem erscheinen. Diese hermeneutisch-pragmatische Denkfigur bewährt sich auch im Blick auf die spezifisch religiöse Dimension starker Wertungen, die ich in ihrem *metaevaluativen Charakter* sehe. Religiöse Überzeugungen artikulieren starke Wertungen von unüberbietbarer Allgemeinheit und Eindringlichkeit und formen damit jenen artikulatorischen Rahmen, innerhalb dessen das artikulierte Selbst die Bedeutung anderer Evaluationen bestimmt. Für religiöse Praktiken und Symbolformen ist es charakteristisch, dass ihr Wertungscharakter nicht mehr von anderen, weniger komprehensiven Wertungen übertrumpft werden kann. Ein artikuliertes Selbst verfügt über evaluative Hierarchien, die von Wünschen und Bedürfnissen erster Ordnung über schwache Präferenzen zu identitätsbildenden starken Wertungen reichen, unter denen religiöse Überzeugungen die normativ unüberbietbaren darstellen. Der Rationalitätstypus, auf dem religiöse Überzeugungsbildungen basieren, kann daher technisch als *metaevaluativ-eudämonistisch* gefasst werden, wobei begriffslogisch das letztgenannte Prädikat die Gattung, das erstgenannte den artbildenden Unterschied bezeichnet.

Ein Beispiel für den metaevaluativen Charakter religiöser Rationalität: jemand könnte „von Natur aus" (Zustand erster Ordnung) ein extravertiertes Temperament haben und gleichzeitig (Übergang zur starken Wertung) der Überzeugung sein, eine kommunikative, gesellige Lebensführung stelle einen intrinsischen Wert dar und sei auch moralisch der Mentalität des Einzelkämpfers vorzuziehen. Es ist deutlich, dass die letztgenannte Überzeugung die empirischen Dispositionen im Licht starker, kontrastiver Wertungen interpretiert und gerade dadurch identitätsbildend wirkt. Religiöse Metaevaluationen fügen nun dieser Wertungshierarchie eine neue Stufe an, indem sie auch die starken, identitätskonstitutiven Wertungen selbst nochmals wertend – bejahend oder verneinend – interpretieren. So könnte sich etwa ein extravertierter Charakter stimmig in ein kommunikationsorientiertes Gottesbild einfügen, in anderen Zusammenhängen aber auch im Sinne von Oberflächlichkeit negativ bewertet werden. In jedem Fall entsteht hier ein hierarchisch übergeordneter, gewissermaßen supervenienter Sinn, der gegebenenfalls zu einer Revision tiefer liegender Wertungen führen kann, wie dies etwa regelmäßig bei religiösen Konversionen der Fall ist. Religiös sind starke Wertungen also genau dann, wenn sie sachlogisch unüberbietbar sind. Hier stellt sich der Religionsphilosophie die dringende Aufgabe, die expressiven Hierarchien lebensweltlicher Erfahrung zu entfalten und damit das Spezifikum religiöser Überzeugungen genauer zu bestimmen. Auf der Seite der Theologie hätte dem dann der sachlogische Gehalt solcher Überzeugungen zu entsprechen, den sie in ihren Diskursen auf seine kognitiven Implikationen hin exploriert.

III. Affektive Integration

Die metaevaluativen Sprachspiele, mit deren Hilfe das sich religiös bildende Selbst die Tiefe seiner Erfahrung artikulieren kann, tragen holistischen Charakter: sie verschmelzen affektive, kognitive und volitionale Aspekte zu komprehensiven Symbolformen und können daher nicht mithilfe einer Epistemologie verständlich gemacht werden, deren Ideal der unbeteiligte Beobachter ist. Affektiven Gestimmtheiten kommt innerhalb dieser holistischen Struktur ein besonderer Stellenwert insofern zu, als sie die artikulierten Wertungen des Selbst im Hier und Jetzt seines Lebens situieren und sie so mit seinem Lebensgefühl verbinden. Wie Martha Nussbaum gezeigt hat,[7] lässt sich die Rolle des Emotionalen im menschlichen Leben am besten verständlich machen, wenn man Emotionen als eudämonistische Urteile mit reichem kognitiv-intentionalen Gehalt begreift, in denen wir die zentrale Bedeutung von Dingen, Menschen und Sachverhalten für uns anerkennen, von denen wir für unser Wohlergehen abhängig sind, die wir aber gleichwohl nicht kontrollieren können.[8] Erfahrung hat dem-

[7] Martha Nussbaum, *Upheavals of Thought*, a.a.O., S. 22-56.

[8] Eine solche Deutung von Emotionalität bringt natürlich die Gefahr einer an den Phänomenen vorbeigehenden Kognitivierung von Emotionen mit sich. Nussbaum ist sich dieser Gefahr vollauf bewusst und entwickelt eine subtile Gegenstrategie. Ihr Argument (vgl. ebd., S. 77-79): die nichtkognitiven Aspekte der Emotion (Qualia, Heftigkeit, Passivität des Subjektes etc.) seien gerade Ausdruck ihrer besonderen kognitiven Rolle, nämlich die Verbindung der beiden Aspekte *Unverfügbarkeit* (das emotionale Objekt kann nicht durch instrumentelles Handeln verfügbar gemacht werden) und *existentielle Bedeutsamkeit* (es gelingt nicht, das emotionale Objekt distanziert zu betrachten).

nach durchgängig eine affektive Komponente, die von der kognitiven Dimension nicht getrennt werden kann, wohl aber unterschieden werden muss. Dies ist nun nicht etwa so zu verstehen, als ob neben dem Intellekt und dem Willen auch noch das Gefühl angesprochen werden müsste. Solches Bereichsdenken geht an dem Holismus ernsthafter Erfahrung gerade vorbei und übersieht vor allem, dass affektive Muster nicht in Form eines mentalen Sondermoduls aktiviert werden, sondern vielmehr die psychischen Integrationsinstanzen liefern, die Überzeugungen und Willenseinstellungen im strengen Sinn individuieren. Es sind eben die Gefühlsqualitäten und nur diese, durch die Erfahrung emphatisch einem einzelnen Selbst zugehört.

Diese Einsichten in den holistischen Charakter von Erste-Person-Erfahrung und in die integrative Rolle von Gefühlen sind gegen Ende des 19. Jh. durch Autoren wie Wilhelm Dilthey und William James zum ersten Mal erarbeitet und hundert Jahre später von der modernen Neurobiologie aus einer empirischen Perspektive eindrucksvoll bestätigt worden. Autoren wie *Gerhard Roth*[9] und *Antonio R. Damasio*[10] sind sich darin einig, dass Kognition ohne Emotion ein nur klinisch, etwa im Falle gravierender Hirnläsionen, zu beobachtendes Phänomen ist, dass „das *Fehlen* von Gefühl und Empfindung“ die Konsequenz hat, „jene Rationalität zu gefährden, der wir unsere spezifisch menschlichen Züge verdanken und die uns ermöglicht, uns mit Rücksicht auf unsere persönliche Zukunft, auf soziale Konventionen und moralische Grundsätze zu entscheiden.“[11] Dass Kognitionen in starken Wertungen holistisch mit affektiven Eindrücken verschmolzen sind, macht vollends die Vorstellung obsolet, religiöse Rationalität könnte von der Verfügung über kognitive Gehalte aus einer neutralen Perspektive heraus gedacht werden. Schon die Alltagspsychologie hat in Form der Rede von einer ‚Herzensbildung' der Einsicht Ausdruck verliehen, dass nur affektiv integriertes Wissen tatsächlich in die Handlungsmuster und das Selbstverständnis von Individuen Eingang finden kann – eine Einsicht, die von der Neurobiologie bestätigt wird. Darüber hinaus macht diese unzweideutig klar, dass auch die argumentative Kraft kognitiver Einsichten und Erwägungen niemals unabhängig von dem affektiven Index eingeschätzt werden kann, mit dem die betreffenden Kognitionen verkoppelt sind. Dieser Sachverhalt ist von erheblicher Bedeutung für die Epistemologie religiöser Erfahrung und auch für den interreligiösen Dialog. Er erhellt beispielsweise schlagartig, warum Gottes-

---

[9] Vgl. Gerhard Roth, *Das Gehirn und seine Wirklichkeit. Kognitive Neurobiologie und ihre philosophischen Konsequenzen*, Frankfurt am Main 1997.

[10] Vgl. Antonio R. Damasio, *Ich fühle, also bin ich. Die Entschlüsselung des Bewußtseins*, München 2000; ders., *Descartes' Irrtum. Fühlen, Denken und das menschliche Gehirn*, München ^{4}1999.

[11] Ebd., S. 12 f.

beweise im wirklichen Leben oft nur geringe Überzeugungskraft entfalten: weil es sich bei ihnen um isolierte kognitive Operationen handelt, deren logische Plausibilität nur scheinbar für sich alleine beurteilt werden kann. Soll ein Gottesbeweis, soll ein interreligiöses Argument überzeugungsbildende Kraft entfalten, so müssen sie rekontextualisiert, d.h. in die affektiven-volitionalen Erfahrungsmuster von Individuen integriert werden. Hermeneutisch bedeutet dies: formale Argumente müssen in „dichte Beschreibungen“ (Geertz) eingebettet werden. Und so nimmt es nicht Wunder, dass die Bereitschaft, sich kognitiv überzeugen zu lassen, eine entsprechende affektive Basis voraussetzt. Damit ist freilich keineswegs gesagt, dass kognitive Argumente nur der Spielball affektiver Dispositionen wären. Entscheidend ist der Holismus aller Bildungsprozesse, die wirklich zur Artikulation religiöser Rationalität beitragen. Affektive Bewertungen subsumieren nicht Wille und Vernunft der Herrschaft des limbischen Systems, sie integrieren diese vielmehr in das Überzeugungs- und Handlungssystem eines menschlichen Selbst. Ohne jene eudämonistischen Urteile, in denen unsere Emotionalität die Wirklichkeit auf das Wohl und Wehe eines einzelnen Selbst (oder einer emotional integrierten Gemeinschaft) bezieht, hingen alle Überzeugungen, hinge letztlich auch unsere im traditionellen Sinn „kognitive“ Rationalität in der Luft.

IV. ‚Ansinnen' als religionsspezifischer Geltungsanspruch

Religiöse Überzeugungen zu haben, bedeutet für ein menschliches Selbst, seine intersubjektiv vermittelten stärksten Wertungen mittels holistisch verfasster, affektiv integrierter Ausdrucksgestalten zu artikulieren. Aufgabe religiöser Bildungsprozesse wäre es demnach, dem sich artikulierenden Selbst Überzeugungen, Riten und Institutionen so zu kommunizieren, dass sie diesem als eine wirkliche Deutungsmöglichkeit der eigenen Erfahrung erscheinen. Der Kommunikationstyp, der diesem Modell entspricht, hat offensichtlich mit Belehrung wenig gemein. Es handelt sich vielmehr um eine Form intersubjektiver Erfahrung, die spezifisch auf die holistische Perspektive der Ersten Person zugeschnitten ist und in der Geltungsansprüche nie kognitiv isoliert, sondern nur interdependent erhoben werden. Die Struktur solcher holistischen Bildungsdiskurse lässt sich im Anschluss an Einsichten Kants in der *Kritik der Urteilskraft* am besten erläutern.

Während Kant in den ersten beiden Kritiken das Verhältnis von Selbst und Wirklichkeit subsumptionslogisch auffasst – theoretische Vernunft bestimmt Erfahrung kategorial, praktische subsumiert sich die sinnlichen Handlungsimpulse –, bricht er in der dritten Kritik mit solchen hierarchischen Modellen und orientiert sich statt dessen an der Idee eines zwanglosen Spiels von Einbildungskraft und Verstand. Diese Konzeption wird bekanntlich am ästhetischen Urteil entwickelt, lässt sich aber, so meine These, auf die Struktur lebensweltlicher Erfahrung als solcher und dann auch auf die Geltungsform religiöser Überzeugungen beziehen. So führt Kant das Geschmacksurteil mit Rekurs auf „das Gefühl der Lust und Unlust" ein, durch welches das Subjekt bezeichnet wird, „wie es durch die Vorstellung affiziert wird, sich selbst fühlt". Jede lebensweltliche Erfahrung hat freilich einen affektiven Index. Und dieser besteht genau darin, dass Kognitionen auf das kognizierende Subjekt bezogen und bewertet werden.

Die Beziehung auf das Lebensgefühl bringt nun eine eigentümliche Zwanglosigkeit ins Spiel, deren Kern in einer individuellen Erfahrung von Stimmigkeit mit Anspruch auf allgemeine Geltung besteht. Und eben diese Struktur ist es, die gelungene interreligiöse Dialoge normativ auszeichnet. Weder subsumiert sich das Selbst die expressive Gestalt, noch ordnen die symbolischen Medien sich das Individuelle als bloße Instantiierung des Allgemeinen nur ein. Am Geschmacksurteil, so behaupte ich, verdeutlicht Kant, welchen Geltungsmodus Sinnfiguren aufweisen, die nur aus einer individuellen Perspektive angeeignet werden können. Und dieser Geltungsmodus ist es, auf den auch religiöse Bildungs- und Erfahrungsprozesse zurückgreifen müssen. Es handelt sich nämlich bei Kants ästhetischem Urteil um eine Form sozialen Sinns, die durch die Zustimmung bzw. Ablehnung von Individuen mitkonstituiert wird. Im Urteil des Geschmacks, so schreibt Kant, werde nichts anderes postuliert, als „eine solche *allgemeine Stimme* [...] Das Geschmacksurteil selber *postuliert* nicht jedermanns Einstimmung [...]; es *sinnet* nur jedermann diese Einstimmung *an*, als einen Fall der Regel, in Ansehung dessen er die Bestätigung nicht von Begriffen, sondern von anderer Beitritt erwartet."[12]

Mutatis mutandis gilt dies auch von universalistischen religiösen Überzeugungen. Sie haben die Form nichterzwingbarer Allgemeingültigkeit, einer Allgemeingültigkeit, die durch individuelle Akzeptanz (dem „Beitritt anderer") mit hervorgebracht wird, weil ihre Urteilsform individuelle Erfahrung und universale, symbolisch vermittelte Geltungsansprüche zusammenschließt. Was Kant also über das Geschmacksurteil ausführt, lässt sich auch als ein Charakteristikum starker Wertungen und speziell religiöser Überzeugungen beschreiben: ihr subjektiver Geltungsgrund ist expressive Angemessenheit, mithin ein nichterzwingbares Passungsverhältnis von Erfahrung und Symbol. Indem sie aber Erfahrung artikulieren, nehmen sie gleichzeitig Bezug auf ein soziales Wertesystem und auf kognitive Überzeugungen über das, was der Fall ist, die den

[12] KdU, B 26 / A 26.

Erfahrungshorizont des Individuums universalistisch transzendieren. Im Unterschied zu Kants ästhetischem Urteil erheben religiöse Überzeugungen objektive Geltungsansprüche. Diese sind freilich tief und unabtrennbar in die eudämonistische Stimmigkeit persönlicher wie sozialer Erfahrung eingelassen.

Religiöse Überzeugungen können demnach in einer pluralisierten Welt ihre Allgemeinheitsansprüche nur noch im Modus des Ansinnens vertreten. Damit ist eine Möglichkeit eröffnet, Fundamentalismus und Beliebigkeit gleichermaßen zu vermeiden. Wenn eine Person auf der Augenhöhe der pluralistischen Moderne einer anderen eine Überzeugung ernstlich ansinnt, dann geschieht dies in der pragmatischen Zuversicht, die von ihr für gültig gehaltene Symbolform könnte sich kraft der ihr innewohnenden Universalität auch als die für den anderen aus dessen eigener Perspektive heraus akzeptable erweisen. Durch solches Ansinnen können sich tote Optionen in lebendige zurückverwandeln – nicht zuletzt darin besteht die religiöse Rationalität des Selbst. Wer aber imstande ist, die Überzeugungen anderer als lebendige, genuine Optionen zu verstehen und daher zu achten, der befindet sich schon mitten in einem fruchtbaren Dialog, zu dessen Anbahnung dann auch die pragmatische Hermeneutik religiöser Erfahrung ihren Beitrag geleistet hat.

Religion, Wissenschaft und philosophischer Naturalismus

VON ROBERT AUDI

Wir sind heute Zeugen eines rasanten Wachstums in zwei sehr verschiedenen Welten: der der wissenschaftlichen Erkenntnis und der des religiösen Fundamentalismus. Zwischen diesen beiden Welten findet kaum ein Austausch statt, und allenfalls einige ganz wenige Menschen leben auf eine Weise, die sie in beide Welten tief verstrickt. Allenfalls ein winziger Bruchteil religiöser Fundamentalisten betätigt sich als Wissenschaftler, wenngleich viele von ihnen eine technische Ausbildung genossen haben; und nur eine verschwindende Minderheit von Wissenschaftlern sind religiöse Fundamentalisten. Man möchte fast bezweifeln, ob es überhaupt solche Überschneidungen gibt; man könnte sie in der Tat für unmöglich halten und gewiss mit guten Gründen der Meinung sein, dass die wissenschaftliche Geisteshaltung mit religiösem Fundamentalismus jeglicher Art unvereinbar ist. Ob das so ist, hängt davon ab, um welchen Fundamentalismus es im Einzelnen geht und worauf man sich kraft wissenschaftlicher Geisteshaltung verpflichtet. Selbst wenn wir nur an jene Art von Fundamentalismus denken, der darin besteht, die Bibel wörtlich zu nehmen, ist die Frage noch nicht geklärt, auf welche Glaubensinhalte man sich dadurch verpflichtet. Die wissenschaftliche Geisteshaltung wiederum verpflichtet einen plausiblerweise eher auf eine bestimmte *Forschungsmethode* als auf irgendeine besondere substantielle Weltauffassung und schließt keine spezifischen Überzeugungen religiöser oder antireligiöser Natur ein. Nichtsdestotrotz besteht für eine Vielzahl zeitgenössischer Denker mindestens ein unauflösliches Spannungsverhältnis zwischen einer wissenschaftlichen Geisteshaltung und jedweder umfassenden religiösen Bindung, während erstere in ihren Augen religiösen Fundamentalismus welcher Art auch immer wohl gänzlich ausschließt. Vor allem wird dabei die erhebliche Spannung zwischen der wissenschaftlichen Geisteshaltung und jeder theistischen Glaubensauffassung betont, erst recht, wenn diese Gott als jene Art von unumschränktem Schöpfer zeichnet, der sich – auf unterschiedliche Weise natürlich – im Christentum, Judentum und Islam findet.

Mit dieser gefühlten Spannung möchte ich mich im Folgenden näher beschäftigen. Ich möchte einige der Arten wissenschaftlicher Verpflichtungen untersuchen, die sich mit bestimmten Arten religiöser Verpflichtungen in Einklang bringen lassen. Ich beginne mit einigen Bemerkungen zu dem, was ich „die wissenschaftliche Geisteshaltung“ nenne, und unterscheide diese anschließend von etwas, das eng mit ihr in Berührung steht, aber doch etwas ganz anderes ist: dem philosophischen Naturalismus. Wenn wir uns dieser Unterscheidung sicher sind, können wir die Möglichkeiten, wissenschaftliche und religiöse Perspektiven auf die Welt in Einklang zu bringen, besser abschätzen.

I. Theismus und die wissenschaftliche Geisteshaltung

Wenn ich von der wissenschaftlichen Geisteshaltung spreche, beziehe ich mich nicht allein auf eine intellektuelle Orientierung, sondern auch auf die praktische Verpflichtung, bei der Bearbeitung empirischer Fragen wissenschaftliche Methoden anzuwenden. Eine Definition dieser Vorstellung wäre ein langwieriges Unterfangen, aber ich denke, für meine gegenwärtigen Zwecke ist die Idee hinreichend deutlich. Ich möchte jedoch hinzufügen, dass diese Geisteshaltung, so wie ich sie verstehe, mit der Neigung einhergeht, sogar in nicht-empirischen Fragen Daten zu suchen, sich an einer Erklärung dieser Daten mit Hilfe theoretischer Begriffe zu versuchen sowie dazu bereit zu sein, eine Theorie im Lichte von Daten zu revidieren und – manchmal – Daten im Lichte der Theorie neu zu interpretieren. (Ich sollte auch hinzufügen, dass ich Grundfragen der Logik und Mathematik sowie, was umstritten ist, der Ethik als nicht-empirisch ansehe.)

Es mag scheinen, als brächte schon die wissenschaftliche *Methode* die Wissenschaft gegen religiöse Bindungen in Stellung. Denn leicht sieht man die wissenschaftliche Methodik nicht nur dem Experiment als einem Königsweg zum Erlangen von Wissen verpflichtet, sondern auch der Auffassung, nur die Wissenschaft könne Wissen hervorbringen, zumindest jede Art von Wissen jenseits von Logik und Mathematik. Diese Auffassung ist, wenn nicht eine Spielart, dann ein Erbe des Positivismus. Der Positivismus wird häufig totgesagt; wenn das stimmt, dann spukt zumindest sein Geist überall herum. Der rationale Kern dieser Auffassung besteht gewiss darin, dass die wissenschaftliche Methode *im Prinzip* auf jede Art von empirischer Frage über die Welt *anwendbar*, wahrscheinlich für alle diese Fragen *relevant* und für einige von ihnen *erforderlich* ist. Dieser rationale Kern steht in keinem Spannungsverhältnis mit dem klassischen Theismus.

Tatsächlich sehen viele religiöse Traditionen, zu denen mindestens das Christentum und das Judentum zählen, die wissenschaftliche Erforschung der Natur bereitwillig als einen Versuch an, die von Gott geschaffene Welt zu verstehen. Man kann in der wissenschaftlichen Forschung den Gebrauch einer Vernunft sehen, die Gott dem Menschen als natürliche Begabung mitgegeben hat. Selbst in der strengsten wissenschaftlichen Forschung kann man das Bemühen erkennen, eine mit einer gewissen Ehrfurcht betrachtete Natur zu verstehen. Statt mit der wissenschaftlichen Geisteshaltung gezwungenermaßen in Konflikt zu stehen, kann eine religiöse Bindung erstere vielmehr verstärken.

Was ist mit der Evolutionstheorie? Unzweifelhaft ist die Evolutionstheorie nicht mit der Darstellung der Schöpfung in Einklang zu bringen, wie sie das 1. Buch Mose erzählt, wenn man es *wörtlich* interpretiert. Doch eine vernünftige Theologie verlangt keine wörtliche Interpretation der Heiligen Schrift, die von gebildeten Bibelexegeten zunehmend zurückgewiesen wird. Damit soll nicht gesagt sein, es könne kein Spannungsverhältnis zwischen wissenschaftlichen Erkenntnissen und einer auf der Bibel fußenden Überzeugung seitens einer religiös gebundenen Person geben. Der Punkt ist, dass es theologisch wenig Sinn macht, die Heilige Schrift so zu verstehen, als stünde sie mit der wissenschaftlichen Forschung in einem Wettbewerb um die Beantwortung derselben Fragen. Eine Möglichkeit ist beispielsweise, die Schöpfungsgeschichte (unter anderem, versteht sich) als eine Bekräftigung des kreativen Handelns und der Souveränität Gottes zu sehen. Diese generellen Zuschreibungen sind mit der Evolutionstheorie vereinbar.

Ist aber nicht, könnte man einwenden, die evolutionäre Darstellung unserer Entstehung physikalistisch, und ist dieser Physikalismus nicht mit einem Bild von der menschlichen Natur verbunden, das quer zu der dualistischen Ansicht steht, die manche für ein implizites Merkmal der Bibel oder zumindest der christlichen Tradition halten? Eine solche Unvereinbarkeit der evolutionären Darstellung mit dem Dualismus sehe ich nicht. Die Darstellung ist genetisch, nicht metaphysisch. Physikalische Bedingungen anzugeben, unter denen biologisch identifizierte menschliche Lebewesen entstehen, lässt die Frage offen, ob diese ihrer *Beschaffenheit* nach rein physisch sind oder nicht.

Ich komme auf diesen Punkt weiter unten zurück, wenn ich untersuche, welche Personenbegriffe mit dem klassischen Theismus vereinbar sind. Im gegenwärtigen Zusammenhang möchte ich nur hinzufügen, dass, wenn sich die Evolutionstheorie in der Frage unserer letztendlichen psychologischen Beschaffenheit mit Blick auf den Physikalismus neutral verhält, das wissenschaftliche Unternehmen insgesamt es vermutlich ebenso tun wird. Denn ganz offensichtlich können die Psychologie und die anderen Sozialwissenschaften als wissenschaftliche Disziplinen betrieben werden, ohne sich einem Physikalismus bezüglich der Person des Menschen zu verschreiben; und die Naturwissenschaften werden ganz gewiss ohne eine solche Annahme betrieben.

II. Philosophischer Naturalismus

Viele wissenschaftlich gesonnene Menschen verpflichten sich auf noch etwas mehr: den philosophischen Naturalismus. Die Bezeichnung „philosophisch" wird oft weggelassen, aber ich denke, es wird gleich deutlich werden, dass der Naturalismus in den Formen, in denen er weithin akzeptiert und als ein mit dem Theismus in einem Spannungsverhältnis stehendes Weltbild gesehen wird, philosophisch ist.

Was ist philosophischer Naturalismus? In der Metaphysik ist Naturalismus sowohl eine Gegenreaktion gegen den Supranaturalismus als auch, in zumindest einigen Varianten, eine Zurückweisung der Körper-Geist-Problematik. In der Ethik ist der Naturalismus eine Zurückweisung irreduzibler Begriffe von Wert und Pflicht oder, in vorsichtigeren Versionen, irreduzibler moralischer und axiologischer Eigenschaften. Und in der Epistemologie ist der Naturalismus in erster Linie ein Versuch, Wissen und Rechtfertigung mittels Begriffen zu begründen, die der wissenschaftlichen Behandlung zugänglich sind – vor allem mittels der Begriffe der gewöhnlichen Beobachtung, der Physik und der Psychologie. Epistemologische Naturalisten stehen der Möglichkeit eines Eigenschaftsdualismus, bei dem mentale und physikalische Eigenschaften verschiedene Dinge sind, im Allgemeinen aufgeschlossener gegenüber als metaphysische Naturalisten. Doch keiner der beiden Naturalismen legt sich auch nur im mindesten auf einen solchen Eigenschaftsdualismus fest, und in den Augen nahezu aller Naturalisten lässt sich eine Variante des Materialismus oder, vielleicht allgemeiner noch, des Physikalismus besser mit ihren Idealen vereinbaren als der Eigenschaftsdualismus.

Wenn es eine konzeptuelle Einheit des Naturalismus in all diesen Bereichen gibt, dann ist nicht recht klar, worin sie besteht. Man kann Naturalist sein, insofern man transzendente Wesen ablehnt, aber zugleich Nicht-Naturalist in der Philosophie des Geistes, der Ethik oder der Erkenntnistheorie. Auf irgendeinem dieser Gebiete einer Form von Naturalismus anzuhängen, stellt es einem in der Tat frei, den Naturalismus auf allen anderen zurückzuweisen. Vielleicht bedeutet Naturalismus im grundsätzlichen und allgemeinsten Sinne soviel wie: Es gibt nicht als die Natur, und die einzigen Grundwahrheiten sind Naturwahrheiten. Was aber ist Natur? Und wann ist eine Wahrheit eine Grundwahrheit? Was auch immer die Natur ist, wir sollten vernünftigerweise nicht davon ausgehen, dass sie einen allwissenden, allmächtigen und unendlich gütigen Gott einschließt. Vielleicht aber gehören mentale Phänomene mit zur Natur, wenigstens mentale Eigenschaften, wenn auch nicht als nicht-verkörperte Substanzen verstandene Geistwesen (*minds*).

Ich gehe davon aus, dass der philosophische Naturalismus sich nicht auf einen Materialismus bezüglich des Mentalen festlegen muss, zumindest was mentale Eigenschaften im Gegensatz zu mentalen Substanzen angeht, wenngleich philosophische Naturalisten eine physikalistische Ontologie für ein erstrebenswertes Ideal halten.[1] Ich gehe weiterhin davon aus, dass der philosophische Naturalismus sich nicht auf eine empiristische Position festlegen muss, wenn auch die meisten seiner Vertreter Empiristen sind. Im allgemeinen sind moderne Naturalisten jedoch von etwas überzeugt, das wir als *die epistemologische Souveränität der Wissenschaft* bezeichnen könnten. Damit meine ich, grob gesprochen, eine Überzeugung, für die erstens die wissenschaftliche Methode – in einem weiten Sinne verstanden, der den Gebrauch von Logik und Mathematik einschließt – das Paradigma einer rationalen Wissenssuche ist, und für die zweitens die Wissenschaften die einzige autoritative Quelle allgemeinen empirischen Wissens darstellen, wobei empirisches Wissen jegliches Wissen oder jegliche gerechtfertigte Überzeugung über „die Welt" einschließen soll – besonders die „Außenwelt", für manchen jedoch auch die innere Sphäre des Bewusstseins. In der dazugehörigen Metaphysik wäre ein wesentliches Element die Verpflichtung, Entitäten nur dann als real gelten zu lassen, wenn prinzipiell ein Wissen über sie möglich ist, das dem soeben formulierten epistemologischen Standard gehorcht. Wilfrid Sellars könnte sowohl die epistemologische als auch die metaphysische Souveränität im Sinn gehabt haben, als er schrieb: „Die Wissenschaft ist das Maß aller Dinge, der seienden, dass sie sind, und der nichtseienden, dass sie nicht sind."[2] Für viele Naturalisten ist das ein treffendes Motto.

Es ist hoffentlich unstrittig, dass man sich nicht dem philosophischen Naturalismus verschreiben muss, um in der wissenschaftlichen Forschung das richtige Instrument zur Beantwortung jener Arten von Fragen zu sehen, die ins Ressort der Wissenschaft fallen. Doch kennt die wissenschaftliche Forschung Grenzen. Ich glaube nicht, dass sie auch die Frage einschließt, warum es überhaupt ein Universum gibt. Die Forschung ist damit befasst, *im* Universum vorhandene Strukturen zu verstehen und insbesondere Gesetze und die dazugehörigen Mo-

---

[1] Vgl. Alan Donagan, „Can Anybody in a Post-Christian Culture Really Believe in the Nicene Creed?", in: Anthony N. Perovitch, Jr. (Hrsg.), *Reflections on Philosophy and Religion*, Oxford 1999, S. 24: „Naturalismus kann so viele Formen annehmen, wie es Naturbegriffe gibt [...] Mittlerweile wird allgemein akzeptiert, dass es, wenn es nichts als die Natur gibt, nichts als Materie in der Raumzeit gibt. Der Naturalismus ist zum Materialismus geworden."

[2] Wilfrid Sellars, „Empiricism and the Philosophy of Mind", in: ders., *Science, Perception and Reality*, London 1963, S. 173 (ursprünglich veröffentlicht in *Minnesota Studies in the Philosophy of Science*, Bd. 1, 1956). Dt.: *Der Empirismus und die Philosophie des Geistes*, Paderborn 1999, S. 72, Übers. geändert.

delle zu formulieren, mit deren Hilfe wir Ereignisse erklären und vorhersagen können.

Was aber ist mit der Frage nach dem Ursprung des Universums? Einige wissenschaftsorientierte Menschen haben in der Urknalltheorie eine Antwort auf diese Frage gesehen. Ich kann den Details der Theorie nicht Rechnung tragen, aber nehmen wir an, sie postuliert eine Explosion, die jene Grundstoffe hinterließ, aus denen sich das physikalische Universum heute zusammensetzt. Manch einer hat geglaubt, die Theorie beantworte die Frage, warum es überhaupt ein Universum gibt. Aber diese Behauptung verzerrt mit Sicherheit die wissenschaftliche Absicht der Theorie: nämlich eine beschreibende und in gewisser Hinsicht erklärende Darstellung bedeutender physikalischer Phänomene zu geben, die man vielleicht in Umrissen als Darstellung des Ursprungs und Initialzustands der Materie, Energie und anderer aus dem Urknall hervorgegangener physikalischer Phänomene charakterisieren kann. Der Urknall hat das Universum nicht hervorgebracht; allenfalls stellt er dessen erstes physikalisches Ereignis dar. Und solange wir nicht an eine nicht-natürliche Ursache für den Urknall glauben, können wir nicht erklären, *warum* er stattfand. Vom wissenschaftlichen Standpunkt aus ist er ein unerklärter – vielleicht auch in gewisser Weise unerklärbarer – Erklärer, zugleich wohl auch ein Ereignis ohne Ursache.

Nichts von alldem meine ich als Kritik an der Urknalltheorie. Aber zu glauben, sie könne eine doppelte – metaphysische und wissenschaftliche – Arbeit tun, ist philosophisch so naiv wie wissenschaftlich inakzeptabel. Die Theorie kann nicht zugleich dem kosmologischen Zweck dienen zu erklären, warum überhaupt etwas existiert – Ereignisse eingeschlossen –, und eine wissenschaftliche Rolle bei der Erklärung astronomischer Tatsachen spielen. Nur Wissenschaft zu treiben heißt, solchen Schöpfungserzählungen abzuschwören.

Philosophische Naturalisten, aber nicht nur sie allein, finden das Wesen Gottes, wie es üblicherweise im monotheistischen Denken des Westens verstanden wird, bestenfalls mysteriös. *Kann* es ein nicht-verkörpertes Wesen geben, wie ein personalisierter Gott im Normalfall vorgestellt wird? Wie können Denken oder Pläne oder Liebe ohne die Unterstützung durch irgendeine verkörpernde Materie möglich sein? Dies führt uns zu einer zentralen Frage der Personalität. (Natürlich gibt es auch nicht-personalisierte Gottesvorstellungen, die in einer Religion eine Schlüsselstellung einnehmen können. Ich lasse sie jedoch hier beiseite, zum einen, weil sie theologisch weniger interessant[3] sind, zum ande-

[3] Theologisch weniger interessant heißt natürlich nicht theologisch uninteressant. Aber die personalisierten Gotteskonzepte ermöglichen es, eine Menge interessanter Fragen in der Philosophie des Geistes zu stellen, die auf nicht-personalisierte Gottesvorstellungen nicht anwendbar sind. Selbst James M. Gustafson relativiert in seinem monumentalen Werk *Ethics from a Theocentric Perspective*, Bd. 1, Chicago 1981, seinen Widerstand

ren, weil sie sich, wenn die Herausforderungen, denen ich mich hier stelle, bewältigt werden können, mit einigen derselben Argumente verteidigen lassen.)

III. Personalität und Verkörperung

Stellen wir uns Gott als ein geistiges (*spiritual*), nicht-physisches Wesen vor. Die Vorstellung einer nicht-verkörperten Person oder auch nur eines nicht-verkörperten Geistes (*mind*) erscheint vielen gebildeten Menschen in der heutigen Welt rückständig oder sogar grotesk. Dabei besteht an Argumenten, die ihre Möglichkeit demonstrieren, kein Mangel,[4] und ich sehe nicht, dass ihre Unmöglichkeit bewiesen worden wäre. Wenige zeitgenössische Philosophen bemühen sich auch nur darum zu zeigen, dass diese Vorstellung unmöglich ist. Stattdessen wird argumentiert, sie verstoße gegen die besten uns vorliegenden Erklärungen mentaler Phänomene, denen zufolge letztere wenn nicht selbst physisch, dann von physischen Phänomenen abhängig sind (auf dem Physischen „supervenieren", wie es in einer prominenten Terminologie heißt).[5]

Ein Theist kann jedoch davon überzeugt sein – und zwar aus Gründen, die wenig oder gar nichts mit philosophischen Argumenten über das Mentale und das Physische zu tun haben –, dass eine Person einen Körper haben muss. Kann ein Theist mit dieser Überzeugung argumentieren, dass Gott einen Körper hat? Ich denke, ja. Diese Idee mag einigen respektlos vorkommen. Aber wenn Inkarnation überhaupt möglich ist, könnten wir globale von lokaler Verkörperung ebenso wie menschliche und nicht-menschliche Arten der Verkörperung unterscheiden und unsere Theologie so anpassen, dass beides in ihr Platz hat.

Der beste Kandidat für einen Körper, der diese Rolle global übernehmen könnte, ist vielleicht die physische Welt als Ganze.[6] Zumindest drei Punkte sind

---

gegen den Anthropomorphismus in dem Maße, als er von einem Gott spricht, der etwas „bedarf" und „ermöglicht".

[4] Vgl. z.B. Richard Swinburnes Schriften, etwa *The Evolution of the Soul*, Oxford 1997 sowie J. P. Moreland und Scott B. Rae, *Body and Soul*, Downers Grove, IL: Inter-Varsity Press 2000.

[5] Eine in großen Zügen naturalistische Perspektive auf das Mentale, in der die Supervenienz eine zentrale Rolle spielt, findet sich bei Jaegwon Kim, *Mind in a Physical World*, Cambridge, MA, 1999; vgl. auch ders., „Lonely Souls: Causality and Substance Dualism" (in: Kevin Corcoran (ed.), *Soul, Body and Survival*, Ithaca, NY, Cornell University Press 2001, S. 30-43) ein Aufsatz, in dem Kim Hürden für die Vorstellung einer Cartesischen Seele aufbaut.

[6] Für eine Diskussion der Vorstellung, die Welt sei der Körper Gottes, siehe William J. Wainwright, „God's body", in: *Journal of the American Academy of Religion* 62 (1974), S. 470-481.

wichtig für diese Auffassung und helfen zu erklären, warum die ganze physische Welt einbezogen werden sollte. Erstens kann Gott nach Belieben jeden Teil der Welt bewegen, so wie wir nach Belieben unsere Gliedmaßen bewegen können (grob gesprochen, ohne Vermittlung irgendeiner anderen Handlung wie etwa einer vorherigen Bewegung spezieller Muskeln, die dann ihrerseits die Muskeln unserer Gliedmaßen kontrollieren). Zweitens verfügt Gott (bzw. kann gewiss verfügen) über nicht-inferentielles Wissen um die Position eines jeden Teils der Welt, so wie wir (oftmals) nicht-inferentiell um die Position unserer Gliedmaßen wissen. Und drittens: Insoweit Gott im Besitz von Erfahrungen ist, die irgendetwas in der Welt repräsentieren (und ob dies so ist, sollten wir vernünftigerweise allein Gott überlassen), könnte die ganze Welt im Geiste Gottes auf eine der sinnlichen Erfahrung vergleichbare Weise erfasst werden, welche die dazu passenden Perzeptionen oder andere Erfahrungen hervorbringt und mit so reichhaltigen repräsentationalen phänomenalen Qualitäten ausstattet, wie Gott dies immer wünscht.[7] Ein allmächtiger Gott kann bewirken, dass göttliches Wissen über die physische Welt vermittels Sinneszuständen erfolgt oder durch sie begleitet wird oder aber rein kognitiv ist, und in beiden Fällen kann das Wissen nicht-inferentiell sein.

Man kann der Ansicht sein, die Welt als Gottes Körper zu verstehen liefe letztlich auf eine Naturalisierung Gottes hinaus. Sehr wohl könnte dies ein Schritt in eine solche Richtung sein, die gewissermaßen einen ökumenischen Naturalismus anbietet. Eine solche Position mag folglich jenen attraktiv erscheinen, die gerne Spiritualität zum theologischen Schnäppchenpreis hätten. Doch kann man die Auffassung vertreten, dass Menschen einen Körper haben müssen, ohne die Auffassung zu vertreten, dass wir einfach unsere Körper *sind.* Das Erfordernis göttlicher Verkörperung in der Welt würde nicht implizieren, dass Gott mit der Welt identisch ist. Ja, die Zustände des göttlichen Geistes müssten nicht von irgendetwas Physischem abhängen, wie das bei unseren Zuständen offensichtlich der Fall ist, da Gott das verkörpernde Material[8] jeder-

---

[7] Möglicherweise kann man Wahrnehmung auch auf eine Weise fassen, die weniger auf Sinneseindrücke angewiesen ist, als ich mir dies hier vorstelle. Für eine ausgiebige Erörterung der Frage, was Wahrnehmung ist, die eine Reihe wichtiger Überlegungen zur göttlichen Natur enthält, siehe William P. Alston, *Perceiving God*, Ithaca 1991.

[8] Auch wäre die Schöpfung *ex nihilo* nach wie vor möglich; denn auch wenn Gott verkörpert wäre, müsste die verkörpernde Materie nicht für die Schöpfung neuer Materie genutzt werden. Diese würde dann „aus Nichts“ entstehen. Ja, folgt man der Cartesischen Auffassung, dass Materie auf Erhaltung angewiesen ist und ihre Erhaltung eine Art von Schöpfung ist, könnte man in Gott die erhaltende, und folglich in einem bestimmten Sinne erzeugende, Ursache der verkörpernden Materie sehen – die er in jedem Augenblick neu erschafft. Dies könnte so sein, selbst wenn beide seit „Anbeginn der Zeiten“ existierten.

zeit und in unbegrenzter Weise variieren könnte.[9] Auch muss die natürliche Welt Gott nicht vorausgegangen sein. Weder die Welt noch Gott müssen jemals entstanden sein.

Ich möchte diese physikalistische Vorstellung nicht als attraktives theologisches Bild verstanden wissen, lediglich als eines, dass nicht nur konsistent ist, sondern von keinem mir bekannten stichhaltigen Argument ausgeschlossen wird. Mir geht es darum, dass die intellektuellen Optionen, um gewisse Arten von wissenschaftlichen und theistischen Auffassungen miteinander zu versöhnen, größer sind als gemeinhin angenommen. Jedoch gibt es ganz unabhängig von der Frage, ob Personen (einschließlich Gott) verkörpert sein können, Probleme, wenn wir zu verstehen versuchen, wie mentale Verursachung überhaupt möglich ist.

IV. Die Möglichkeit mentaler Verursachung

Ob es nun nicht-verkörperten Geist (*minds*) geben kann oder nicht, die meisten Monotheisten sind darauf festgelegt, mentale Verursachung zu postulieren. Mentale Verursachung spielt eine wichtige Rolle auch jenseits des Theismus. Wenn beispielsweise intentionale Elemente wie Überzeugungen und Wünsche keine kausale Kraft haben, dann gibt es keine Handlungen. Eine Handlung ist keine bloße Bewegung; sie ist in groben Zügen etwas, dass (unter einer passenden Beschreibung) aus einem Grund getan wird, wobei „aus" hier in weitem Sinne kausal zu verstehen ist.[10] Für die meisten Monotheisten jedoch kann Gott Veränderungen dadurch bewirken, dass er sie will, und können wir selbst von Gottes mutmaßlich geistigen Handlungen wie etwa der Mitteilung von Liebe berührt werden.

Ich glaube nicht, dass irgendjemand einen apriorischen Beweis der Unmöglichkeit mentaler Verursachung für möglich hält. Aber es gibt eine plausible Auffassung, die Probleme für die Idee der mentalen Verursachung aufwirft: den *nicht-reduktiven Materialismus*. Diese Auffassung wird von einer Reihe wis-

---

[9] Auch wenn man von einer Supervenienz der göttlichen mentalen Zustände ausginge, folgte daraus nicht, dass irgendeine bestimmte Art von Materie als Basis dienen muss. Wenn eine begrenzte Zahl von Materiearten den Zweck erfüllte – und ich sehe nicht, wie man das zeigen könnte –, gäbe es immer noch eine unbegrenzte Anzahl von Weisen, wie sie die fragliche allgemeine Rolle spielen könnten. Die Supervenienz des Geistigen auf das Körperliche ist nicht einmal eindeutig metaphysisch notwendig, ganz gewiss aber nicht a priori, wie es die Supervenienz der moralischen auf natürliche Eigenschaften ist.

[10] Ich verteidige eine qualifizierte kausale Theorie des Handelns in *Action, Intention, and Reason*, Ithaca 1993; insb. in Kap. 6, „Acting for Reasons", nachgedruckt aus *The Philosophical Review* XCV (1986).

senschaftsorientierter Philosophen vertreten und ist mindestens mit einem Theismus vereinbar, der die Verkörperung Gottes gutheißen kann. Es handelt sich dabei in etwa um die Vorstellung, dass mentale Eigenschaften in physischen wurzeln (auf ihnen supervenieren), aber nicht mit ihnen identisch und (wenn Reduzierbarkeit in diesem Fall Identität nicht einschließt) nicht auf sie reduzierbar sind. Dieser Standpunkt erlaubt es, das Geistige in der physikalischen und biologischen Welt zu verankern, ohne sich entweder den Schwierigkeiten, die bei einer Identifikation mentaler mit physischen Eigenschaften entstehen, oder jenen, die mit dem Versuch einer physikalistischen Erklärung von Erfahrungsqualitäten einhergehen, auszusetzen.[11]

Dies ist nicht der Ort, um die Möglichkeit mentaler Verursachung zu verteidigen, ob sie nun mit der Annahme einhergeht, dass mentale Eigenschaften auf physischen supervenieren, oder nicht. Es gibt bereits zahlreiche Verteidigungen in der Literatur, und es ist wichtig festzuhalten, dass es auch dann, wenn eine kausale Kraft mentaler Phänomene nicht gezeigt werden kann, Formen von explikativer Kraft zu geben scheint, die sich nicht auf kausale Kraft reduzieren lassen.[12] Hier möchte ich vor allem Folgendes betonen: Wenn die wissenschaftliche Weltanschauung – oder vielleicht treffender, der philosophische Naturalismus – uns dazu zwingt, die Existenz mentaler Verursachung zu verneinen, dann bekommen wir das Problem, wie wir uns überhaupt von der Existenz von *Personen* Rechenschaft ablegen wollen, ob sie nun menschlich sind oder göttlich. Wenn die Möglichkeit mentaler Verursachung zufriedenstellend begründet werden kann, wird dies eine theistische Weltanschauung vielleicht einsichtiger machen.

---

[11] Eine Darstellung und Verteidigung des nicht-reduktiven Materialismus (mit umfangreicher Bezugnahme auf Literatur zu diesem Thema) liefert etwa John F. Post, *Metaphysics: A Contemporary Introduction*, New York 1990. Eine kritische Diskussion leistet Jaegwon Kim, „The Myth of Nonreductive Materialism", in: *Proceedings and Addresses of the American Philosophical Association* 63 (1989). Vgl. auch John R. Searles biologischen Naturalismus, etwa in *The Rediscovery of the Mind*, Cambridge, MA, 1992 (dt.: *Die Wiederentdeckung des Geistes*, München 1993; Taschenbuchausgabe: Frankfurt am Main 1996). Für eine Kritik siehe J. P. Moreland, *Faith and Philosophy* (1990) sowie Anthonie W. M. Meijers, „Mental Causation and Searle's Impossible Conceptions of Mental Causation", in: *International Journal of Philosophical Studies* 8 (2000), S. 155-170, gefolgt von einer Erwiderung Searles (S. 171-177).

[12] Vgl. etwa John Heil und Alfred R. Mele (Hrsg.), *Mental Causation*, Oxford und New York 1992, mit einer großen Bandbreite an Aufsätzen zu diesem Thema. Mein Beitrag „Mental Causation: Sustaining and Dynamic" (S. 53-74) enthält eine Teilerörterung meiner eigenen Verteidigung mentaler Verursachung und der Unterscheidung von kausaler und explikativer Kraft.

V. Theologischer Nonkognitivismus

Gehen wir davon aus, dass, obwohl man eine wissenschaftliche Geisteshaltung haben kann, ohne ein philosophischer Naturalist zu sein – und sogar ein philosophischer Naturalist sein kann, ohne eine wissenschaftliche Geisteshaltung zu haben –, diese beiden Orientierungen für viele nachdenkliche Menschen untrennbar sind. Müssen wir uns also einem Konflikt zwischen, plump gesagt, den unwissenschaftlichen Gläubigen und den ungläubigen Wissenschaftsfreunden stellen? Ich glaube nicht. Wohl fürchte ich, dass der Streit zwischen religiösen Menschen, besonders religiösen Fundamentalisten, und jenen, die man als wissenschaftliche Fundamentalisten bezeichnen könnte – für die eine Verpflichtung auf wissenschaftliches Denken mit einer materialistischen Version des Naturalismus einhergehen muss – weitergehen wird. Aber religiöser Fundamentalismus ist nicht der einzige Weg – und nicht der beste, wie ich glaube –, um die spirituellen Bedürfnisse der Menschen zu befriedigen; und selbst philosophische Naturalisten sind nicht darauf angewiesen, die Religion zu verwerfen, um ein kohärentes Leben zu führen. Ich werde den ersten Punkt hier nicht stark machen; es ist der zweite Punkt, der viel eher einiger Unterstützung bedarf.

Betrachten wir die Ethik, eine Sphäre, die der Religion wenigstens teilweise analog ist. Ich glaube, dass es der mächtige Einfluss des philosophischen Naturalismus ist, der den ethischen Nonkognitivismus in erster Linie motiviert. Dabei handelt es sich im wesentlichen um die Auffassung, dass moralische Urteile („Aussagen“, in einem bestimmten Sinn) keine Propositionen zum Ausdruck bringen und im strengen Sinn weder wahr noch falsch sind, sondern vernünftig oder unvernünftig, gut begründet oder vorurteilsbehaftet, mit Argumenten zu verteidigen oder dogmatisch und so weiter. Warum ist man Nonkognitivist? Nehmen wir an, jemand ist der Ansicht, dass moralische Urteile nur dann in das Reich der Erkenntnis fallen können, wenn es moralische Eigenschaften gibt, und dass die einzigen Eigenschaften, die existieren, natürliche sind. Und nehmen wir darüber hinaus an, dieser Jemand ist davon überzeugt, dass keine natürlichen Eigenschaften, wie etwa die der Maximierung von Lust, moralische Eigenschaften sind. Unser Jemand könnte dann denken, dass die Funktion der Sprache der Moral nicht darin besteht, die Welt oder die menschlichen Akteure zu beschreiben, sondern Einstellungen auszudrücken und Verhalten anzuleiten. Für diesen Zweck braucht man keine Erkenntnisfähigkeit.

Müssen Nonkognitivisten auf den Anspruch verzichten, dass moralische Urteile rational und sogar objektiv sein können? Sicher nicht. Die durch moralische Urteile ausgedrückten Einstellungen können rational sein und auf Gründen fußen wie a) der Überzeugung, dass Lügen menschliche Beziehungen zerrüttet, und b) einem rationalen (oder wenigstens natürlichen) Verlangen, friedfertige menschliche Beziehungen zu erhalten. Diese Einstellungen müssen auch gewissen Rationalitätsanforderungen wie etwa der folgenden genügen: Wenn zwei Menschen sich nur in ihrer Hautfarbe unterscheiden, dann muss einem moralischen Urteil über einen von ihnen – etwa, dass eine Haftstrafe von einem Jahr gerecht ist – ein moralisches Urteil über den anderen entsprechen. Ich plädiere nicht dafür, dass die Theorie des ethischen Nonkognitivismus zutrifft, sondern nur dafür, dass einiges für sie spricht.[13]

Die Sprache der Religion kann man ganz offensichtlich so verstehen, dass sie Einstellungen ausdrückt und dabei mitwirkt, Verhalten anzuleiten. Nicht offensichtlich ist, wie man sie als rational oder objektiv verstehen und ob man sie nonkognitiv auffassen kann, ohne die religiösen Verpflichtungen von Monotheisten zu untergraben. Von Wittgenstein beeinflusste Autoren haben einige dieser Möglichkeiten aufzuzeigen versucht. Ich kann hier nur festhalten, dass die Anforderungen an die religiöse Sprache von der Heiligen Schrift kommen können, von der religiösen Tradition, der mit dieser assoziierten philosophischen Theologie und einer Vielzahl kultureller Quellen. Dies erlaubt es einigen Religionen, eine bessere Grundlage für Einstellungen und Verhaltensweisen, die von einem säkularen Standpunkt aus als rational gelten können, anzubieten als anderen Religionen. Ein wichtiger Punkt in diesem Zusammenhang ist natürlich, dass die religiöse Sprache oftmals metaphorisch ist. Aber Metaphorizität schließt eine erfolgreiche Rationalitätsprüfung nicht notwendigerweise aus und schon gar nicht die Befähigung, Verhalten anzuleiten.

Ob eine nonkognitivistische Theologie religiöse Menschen befriedigt, wird sehr stark davon abhängen, wie metaphysisch deren spirituelle Bedürfnisse sind. Wenn sie beispielsweise eine kosmologische Erklärung des Ursprungs des Universums brauchen, werden sie vielleicht mit einer nicht-kognitiv verstandenen Schöpfungsgeschichte nicht zufrieden sein; wenn ihr Gefühl dafür, was für ein sinnvolles Leben erforderlich ist, die Überzeugung einschließt, dass sie den körperlichen Tod mit ungeschmälerter persönlicher Identität überleben werden, dann muss für sie das ewige Leben ziemlich wörtlich gemeint sein. Den meisten religiösen Menschen wird es nicht leicht fallen, im religiösen Nonkognitivismus eine zufriedenstellende Perspektive zu sehen; aber ich denke, dass auch die meisten rationalen moralischen Akteure den ethischen Nonkognitivismus ohne erhebliche gedankliche Anstrengungen kaum zufriedenstellend finden. Der Nonkognitivismus mag in der Ethik immer noch bessere Aussichten haben als in der Theologie. Aber ich sehe keinen Grund, theologischen Nonkognitivismus

---

[13] Eine umsichtige Verteidigung einer expressivistischen Fassung des Nonkognitivismus bietet Allan Gibbard, *Wise Choices, Apt Feelings*, Cambridge, MA, 1990.

als eine potentiell annehmbare Option für manche wissenschaftlich gesonnenen Menschen auszuschließen.

Im Großen und Ganzen jedoch glaube ich, dass es, wie immer das abschließende Urteil über den Nonkognitivismus ausfallen sollte, theologische und religiöse Perspektiven gibt, die sowohl kognitiv als auch völlig mit dem zu vereinbaren sind, was ich die wissenschaftliche Geisteshaltung genannt habe. Die meisten Menschen, die sich beides zu eigen machen, werden Spannungen zwischen den beiden Polen erleben. Aber eine Spannung kann eine Gelegenheit bieten, sein Verständnis der scheinbar unvereinbaren Elemente auf beiden Seiten zu bereichern. Eine Spannung *muss* nicht dazu führen, die eine oder die andere Perspektive aufzugeben; sie *sollte* nicht dazu führen, dass man sich auf einer der beiden Seiten dogmatisch eingräbt. Eine Spannung ist ein Anreiz, in unseren Theorien und unseren Praktiken Kreativität walten zu lassen. Und das ist ein Ideal, das Menschen mit religiösem Temperament genauso leicht teilen können wie Menschen mit wissenschaftlichem Temperament – und die mit beiden Temperamenten.

Aus dem Englischen von Michael Adrian

Religionen in einer Welt vieler Kulturen

VON ROBERT NEVILLE

Das Nebeneinander von Religionen war eher die Regel als die Ausnahme in den meisten Abschnitten der Geschichte seit der Antike. Jede Religion determiniert Kultur. In einem etwas präziseren Sinn kann davon gesprochen werden, dass jede Religion mit mehreren Kulturen verbunden ist. Ein Beispiel dafür findet sich in der paulinischen Darstellung von Jesus′ ländlich-galiläischen Version des Judentums, aus der Zeit des zweiten Tempels, die Paulus in eine städtisch-hellenistische Religion transformiert. Kulturen werden aber durch mehr als nur Religion determiniert und auch die Unterschiede zwischen politischen, ökonomischen und sozialen Klassen führen zu der Komplexität von Religionen in einer Welt vieler Kulturen. Die Aufstiege des Judentums und des Christentums in den frühen Jahrhunderten unseres Zeitalters wurden zu ihrer Zeit nur als kleine Phänomene wahrgenommen. Was aber ist mit dem Ringen des klassischen Paganismus sich selbst wieder neue Geltung zu verschaffen, oder mit dem militärische Enthusiasmus für den Mithras-Kult, dem apokalyptische Dualismus Persiens inklusive seines Zoroastrismus und dann Manichäismus, was mit der weit verbreiteten Rekonstruktion ägyptischer Religionen, oder der Faszination für die exotischen Mitbringsel aus Alexanders Indien, Hannibals Afrika und Cesars Britannien und Gallien? Zu der Zeit als das Christentum seine politische Hegemonie im Römischen Reich erlangte, zergliederte sich das Imperium bereits in separate Kulturen und der Islam bot eine neue religiöse Alternative und politische Kultur. Die Situation in Südasien war ähnlich vermischt, was beispielsweise die vedische Kultur in ihrem andauernden Wettbewerb mit und der Modifikation durch die indogenen indischen Religionen zeigt, aber auch die Revolutionen der Buddhisten und der Jainas, der weitverbreitete Aufschwung von Krishna- und Shivakulten oder die hinduistische Restauration der vedischen Traditionen, die oxymoronisch die „sechs orthodoxen Schulen“ genannt werden, verweisen auf die religiöse und kulturelle Pluralität. In Ostasien stärkte die schamanistisch geprägte Kultur mit ihren vielen lokalen Variationen eine imperiale Rechtskultur der Magie und des Opfers, wogegen die elitären philosophischen Schulen, später besser bekannt als Konfuzianismus, Daoismus, Moismus, Legalismus und eventuell auch Buddhismus, rebellierten. Diese Schulen waren selbst religiös und kulturell pluralistisch. Sie organisierten und institutionalisierten sich in den ersten Jahrhunderten unseres Zeitalters um Tempel mit eigenem Herrschergeschlecht und führten einen harten Wettbewerb um Ressourcen und das Ohr des Herrschers. In vielen Fällen waren die Eliten sich der Pluralität der

Kulturen, in denen sie sich religiös orientierten, mehr bewusst als die Menschen in den entfernten Gegenden. Interkultureller Handel, aber auch Armeen, die über die Kontinente marschierten, brachten den Pluralismus dem gemeinen Volk.

Der größte Unterschied zwischen der antiken Welt und unserer Welt heute besteht in der Tatsache, dass fast alle großen Religionen heutzutage sich selbst als global begreifen und sich in den meisten Gesellschaften rund um den Globus institutionalisiert haben. Außerdem haben sie die Pluralität der Kulturen durch weit verbreitete Immigrationsmuster und fast alle populären Kommunikationsmöglichkeiten in ihre eigne Identität aufgenommen. In der Regel muss, um eine religiöse Identität auszubilden, ebenfalls eine solidarische Beziehung mit Andersgläubigen eingegangen werden, deren Kulturen sich grundlegend von der eigenen unterscheiden. In Gesellschaften mit religiös pluralistischem Alltagsleben, haben die meisten Individuen vielfältige religiöse Identitäten in Praxis und Glaube angenommen; ob durch Synkretismus oder explizit multipler Identifikation, sie pflegen den sozialen Zusammenhalt. Dieses Phänomen von Religionen in einer Welt vieler Kulturen steht in einer kognitiven Dissonanz mit dem Glaube, dass religiöse Identität singulär und exklusiv sei und mit der Interpretation einer Weltsituation als einem „Clash of Civilisations", ausgelöst durch unterschiedliche Religionskulturen. Jene Sichtweisen beinhalten eine wesentliche Wahrheit, die aber durch die Tatsachen einer pluralistischen „Inter-Definition" gelesen werden muss. Dazu möchte ich einige Beobachtungen anführen.

Erstens, Paul Tillichs stichhaltiger Ansatz in seiner Diskussion über Weltreligionen war, dass in jeder Religion eine Spannung zwischen dem Absoluten als konkretem Symbol und dem Absoluten als abstraktem Symbol besteht. Wir müssen nicht die ganze Theorie Tillichs über das Absolute übernehmen, um die allgemeine Tatsache akzeptieren zu können, dass Religionen Orientierung dafür bieten, wie im Angesicht dessen, was sie für absolut halten, gelebt werden kann. Um die ganze Hingabe an den Glauben und die Lebensführung in diesen Orientierungen ausüben zu können, müssen konkrete, im Normalfall historisch fundierte Symbole vorhanden sein. Jede Religion hat viele solcher sehr konkreten Symbole wie Heilige Schriften, Stifterfiguren oder zentrale Persönlichkeiten und einschneidende historische Begebenheiten zur Bildung von Identitäten. Das Problem an konkreten Symbolen ist, dass ihre spezifischen Eigenheiten die Transzendenz und Universalität des Absoluten verlieren. Auch wenn Religionen Symbole besitzen, die auf Transzendenz und das Absolute gerichtet sind, führt ihre Abstraktion oft zu einem Verlust, das Herz zu bewegen. Das Konkrete wird vergöttert, wenn es seine Verbindung mit den abstrakten Symbolen der

Transzendenz verliert und die abstrakten Symbole berühren nicht das Herz, wenn sie nicht in der Spannung mit den konkreten Symbolen bleiben.

Eine Binsenweisheit ist, wie es beispielsweise die Religionstheorie von John Hick zeigt, dass die abstrakteren und philosophischeren Symbole in den verschiedenen Weltreligionen, sich einfacher miteinander vereinbaren und in einen Dialog bringen lassen, als die konkreten Symbole. Vielleicht stimmt das für Philosophen, eine Gruppe, die sich nicht immer durch ihre herzhafte Hingebung auszeichnet, auch wenn die Beständigen unter Ihnen dies bestreiten würden. Wenn Tillich also recht behält über die notwendige Spannung zwischen konkreten und abstrakten Symbolen, muss die übliche Weisheit modifiziert werden. Die Abstraktionen sind nur authentisch religiös, wenn sie in Spannung mit ihrem Korrelat, den konkreten Symbolen gehalten werden. Der authentische Dialog muss also auch mit den konkreten Symbolen arbeiten, die zwischen den Religionen völlig widersprüchlich sein können oder sogar inkommensurabel.

Meine zweite Beobachtung ist, dass die Denker einer bestimmten Religion vorsichtig damit umgehen müssen, wie die Spannung zwischen konkreten und abstrakten Symbolen in der Orientierung am Absoluten schwankt, wenn die Religion von einer Kultur auf eine andere über geht. So wurde zum Beispiel noch bis vor kurzem der Konfuzianismus notwendigerweise mit einer Form der ostasiatischen Kultur verbunden, mit einer bestimmten Art von Familienstruktur, mit bestimmten Werten über Raum und Zeit und einer bestimmten Verbindung zwischen religiöser Praxis und Staat. Tatsache ist, dass die chinesische Kultur sich signifikant durch die konfuzianische Geschichte hindurch entwickelte, von einer ländlichen Kultur unter Konfuzius bis zu einer urbanen und gebildeten Kultur unter Zhu Xi im 12. Jahrhundert. Außerdem erreichte sie neue Eingliederungen in Korea, Japan und Südostasien. Bis die Frage aufkam, ob der Konfuzianismus eine Wiederkonkretisierung als Lebensstil in der späten modernen, westlichen, meritokratischen und demokratischen Gesellschaft erfahren kann, waren die Spannungen zwischen seinen schon früh definierten konkreten Symbolen und seinen abstrakten Prinzipien noch nicht klar gewesen. Heutzutage können wir Konfuzius in einer Art dialektischen Spannung mit der Gesellschaft, die er kritisierte, lesen und von der er dennoch konkrete Symbole über Abstammung, Ritual und Menschlichkeit bezog. Können wir jedoch normative konfuzianische Wege entwickeln, Wege des vertrauten Umgangs mit einer westlichen Familienstruktur, Wege der Ritualkritik und der Perfektionierung ritueller Praxis für meritokratische und demokratische Gesellschaften, Wege einer humanen Kultur geformt durch die europäische Aufklärung und ihrer Entgegnung in der Romantik, und Wege mit moderner Wissenschaft und Technologie? Ich denke, die Antwort ist ja, aber nur wenn die abstrakten Prinzipien verstanden wurden, zunächst in der Spannung mit der alten chinesischen

Kultur und dann in der Spannung mit der Kultur hier und heute. Die Kontinuität vom Konfuzianismus des alten Shandong zum modernen Boston etwa, liegt in den historischen Veränderungen, in der Spannung ihrer abstrakten Prinzipien mit deren wechselnden kulturellen Konditionen, die neue konkrete Symbole hervorbringen. Die Situation ist natürlich die gleiche für den Islam an der Straße von Gibraltar und der Meerenge der Molukken, für den Buddhismus von Indien nach Tibet, nach China, nach Japan, nach Kalifornien und nach Deutschland, für den Hinduismus von Indien nach Kambodscha, nach Brasilien, nach Texas und nach Südafrika, genauso wie für alle Weltreligionen. Kontinuität religiöser Identität liegt nicht in den abstrakten Prinzipien unterschiedlicher Couleur, sondern in der Kontinuität sich verschiebender Spannungen zwischen den abstrakten Symbolen und den wechselnden konkreten Konditionen, welche die konkreten Symbole formen.

Meine dritte Beobachtung ist, dass wir ein spätmodernes Verständnis von Kulturen haben, mit ihren Relativitäten, ihren historischen Verbindungen und Diskontinuitäten. Ich bezweifle, dass dies alles nur ein Mysterium für Thukydides, Herodot, Platon und Aristoteles gewesen ist, aber heute haben wir Wissenschaften für Vergleiche zwischen den Kulturen mit historistischen Annahmen. Unter diesen Implikationen für Religionen, ist die Genauigkeit kultureller spezifischer Symbole durch das Gefühl qualifiziert, dass es sich wirklich um Symbole handelt. Zeitgenössische afrikanische Christen zeigen einen schwarzen Jesus; koreanische Christen zeigen ihn als einen barhäuptigen Asiaten, der – im Gegensatz zu seinen verheirateten Aposteln - keinen Hut tragen darf, der den Stand eines verheirateten Mannes kennzeichnet. Natürlich weiß ich genau, dass Jesus wie ein Engländer mit langen Haaren aussah, der immer eine Chorrobe trug. Die Tatsache, dass wir darüber lachen können, bedeutet, dass die absolute religiöse Überzeugung, an die Tillich dachte, eine Greifbarkeit oder Konkretheit verlangt, die nicht einfach erfüllt werden kann, auch nicht im Konkreten. Wir können den verzweifelten Griff nach exklusiven und absolut konkreten Symbolen von Fundamentalisten in allen Religionen als Versuch verstehen, ein Objekt der unendlichen Hingabe zu finden, das sich nicht einschränken lässt. Und wir verstehen auch, dass solcher Fundamentalismus die notwendige Spannung mit den transzendenten Prinzipien verliert und dem Götzendienst verfällt. Wie kann die konfuzianische Hingabe ein Weiser zu sein, das buddhistische Gelübde an den Bodhisattva oder die totale Hingabe der Muslime an Allah ernsthaft sein, wenn sogar die konkreten Symbole des Glaubens eine Aura historischer Relativität bewahren?

Meine letzte Beobachtung besteht darin, dass die Antwort auf diese Frage davon abhängig ist, was wir unter „Symbol" verstehen. In einigen semiotischen Traditionen sind Symbole nur Substitute für die Sache selbst; Repräsentationen, die einen in bestimmten Lebenslagen zurecht kommen lassen, auch ohne die Sache selbst. Wenn dies das Verständnis von Symbolen ist, dann ist es verständlich, dass Gläubige einer Religion ihren Glauben verlieren, wenn sie herausfinden, dass das konkrete Objekt ihrer Verehrung nur ein Symbol für etwas anderes ist. Und sie werden nie zum Herzen ihres Glaubens vorstoßen, wenn ihre abstrakten Symbole aus der Ferne sagen wollen, was das transzendente echte Objekt der Verehrung sein soll. In der semiotischen Tradition des Pragmatismus, dessen Erbe ich hier zu erweitern versuche, sind Symbole Artefakte, mit denen wir Realitäten besetzen. Sie sind Bedeutungen mit denen wir Realitäten interpretieren, so dass wir uns ihrer Natur und Werte bewusst werden. Ohne Symbole können wir Realitäten nicht erfassen, geschweige denn ihnen passend antworten. Das trifft auch auf religiöse Symbole zu und religiös wichtige Realitäten.

Tillich dachte an Religionen im Allgemeinen als verschiedene Formen absoluter Bedeutung dessen, was es wert ist eine absolute Bedeutung zuzuschreiben. Das Absolute sagte er, ist wie eine Leinwand, auf die wir unsere religiösen Symbole projizieren. Er dachte, die konkreten Symbole und die hoch abstrakten sind gleichermaßen symbolisch, der gleiche Versuch das Absolute in endlichen Vorstellungen zu fassen. Ich würde sogar sagen, dass das Absolute die Realität oder Dimension von Realität ist, die sich einbringt, wenn wir unser Leben in der Spannung zwischen konkreten und abstrakten Symbolen leben. Obwohl nicht alle konkreten Symbole gleich gut oder alle theologischen Abstraktionen von gleichem Wert sind, kann keines von ihnen das Absolute selbst sein und keines ist dafür hinreichend. Wenn nun die konkreten Symbole vor ihrer Vergötterung beschützt werden könnten und die abstrakten Symbole vor einer existentiellen Irrelevanz, indem sie miteinander in Spannung gehalten werden, könnte eine ultimative Wirklichkeit grundlegend in ihre Bedeutung eingebunden werden, die sie fühlbar und lebendig für die spät-modernen historistischen Menschen werden ließe. Tillich sagte, dass Symbole Anteil an ihrem Objekt haben. Ich würde lieber sagen, dass Symbole den Menschen ermöglichen, am religiösen Objekt zu partizipieren, auf eine Weise, dass etwas in das menschliche Leben herübertransportiert wird, das absolute Wichtigkeit besitzt. Wenn dies der Weg ist Symbole zu deuten, dann ist der kulturelle Pluralismus des religiösen Lebens eine Bereicherung, keine Bedrohung. Wir können den Pluralismus mit seinen oftmals widersprüchlichen Spannungen in einer bestimmten Religion als eine bereichernde Resonanz von subtilen unterschiedlichen Formen der Spannungen zwischen konkreten und abstrakten Symbole sehen, von denen alle, in ihren unterschiedlichen konkreten Kontexten, mal bessere und mal schlechtere Wege darstellen, um das Absolute zu erfassen. Wir können den Pluralismus verschiedener Religionen mit ihren mannigfaltigen differenten kulturellen Erscheinungen sehen, als je kontextuell unterschiedliche Wege das Absolute einzubeziehen. Das bedeutet natürlich nicht, dass alle Religionen das gleiche sagen, oder dass alle konkreten Kontexte des Lebens von gleichem Wert sind, oder dass es möglich sei gleichzeitig mehreren Religionen verpflichtet zu sein. Aber es legt nahe, dass wir wissen können, dass das Absolute beides ist, transzendent und konkret immanent, weil es so viele unerlässliche Versuche gibt, es den Menschen nahe zu bringen.

Aus dem Englischen von Sebastian Schüler

Können sich der Islam und der Westen versöhnen?

VON HANNA KASSIS

Ich möchte gleich zu Beginn betonen, dass ich mir der möglichen Einwände gegen meine Verwendung von Ausdrücken wie „der Islam“ und „der Westen“ wohl bewusst bin. Man kann diese Bezeichnungen leicht so missverstehen, als stünden sie für eindeutig identifizierbare kulturelle oder sozio-politische Größen. Doch ist natürlich weder der „Islam“ noch der „Westen“ ein Monolith. Wenn wir etwa vom Islam sprechen, müssen wir den Unterschied zwischen einem von allen Muslimen von China bis Spanien geteilten und befolgten grundlegenden Bekenntnis und der Vielfalt kultureller, konfessioneller und juristischer Auslegungen und Anwendungen dieses Bekenntnisses berücksichtigen. Das Wechselspiel von der Einheit des Glaubens und jener Mannigfaltigkeit, die sich in den konfessionellen Spaltungen des Islam ebenso ausdrückt wie in der Bandbreite seiner Rechtslehren und der Vielfalt seiner kulturellen und regionalen Spielarten, lässt sich schwerlich übersehen. Das gleiche gilt natürlich für „den Westen“. Unter diesem Terminus verstehe ich jene europäischen Gesellschaften, die, ob sie nun heutzutage eher religiös oder eher säkular geprägt sind, ihre Wurzeln im (orthodoxen, römisch-katholischen oder reformierten) Christentum haben. Der Leser bzw. die Leserin möge daher Nachsicht üben, wenn ich zwischen den Ausdrücken „Westen“ und „Christentum“ hin und herzuspringen scheine.

Auch der dritte Begriff des obigen Titels ließe sich leicht in Frage stellen. „Versöhnen“ bedeutet unter anderem „wieder zusammenbringen, nach einer Trennung oder einem Streit wieder Frieden stiften“. Diesen Ausdruck zu gebrauchen, mag also fälschlicherweise implizieren, der „Islam“ und „der Westen“ hätten irgendwann einmal harmonisch Seite an Seite bestanden. Diese Auffassung prägt die jüngsten Diskussionen, die unter der Überschrift „Was ist schiefgelaufen?“ zu stehen scheinen. Meiner Ansicht nach ist aber nichts schiefgelaufen, was nicht zuvor schon falsch gewesen wäre. Nichts ist falscher als die Vorstellung, der Islam und der Westen könnten auf eine glückliche Zeit harmonischer Koexistenz zurückblicken. Ich gebrauche den Ausdruck „versöhnen“ daher in der abgeleiteten Bedeutung von „Gegensätze versöhnen, miteinander vereinbar machen“, ungeachtet aller grundsätzlichen Unterschiede. Vor dem Hintergrund dieser Einschränkungen möchte ich fragen: Was trennt den Islam und den Westen? Müssen wir nicht, bevor wir nach einer möglichen Versöhnung fragen, zunächst die Faktoren identifizieren, die zu einer 14 Jahrhunderte währenden Trennung führten? Ich werde meine Antwort auf diese

Fragen im Folgenden in Abschnitte aufteilen, in deren Anordnung sich die historische Abfolge der Begegnung zwischen dem Islam und dem Westen widerspiegeln soll.

I. Angst

Die erste Begegnung mit dem Islam löste im Westen Angst aus. Die islamische Welt hatte eine Vorstellung vom Christentum und den Christen, wie sie der Koran interpretierte, aber auch durch die Vertrautheit der Muslime mit den Christen, die in ihrer Mitte lebten. Dem Westen bot sich ein ganz anderes Bild. Der Aufstieg des Islam im siebten Jahrhundert konfrontierte das Christentum, das sich noch kaum von den Streitfragen seiner diversen Konzile und der anhaltenden Konfrontation mit dem unnachgiebigen Heidentum erholt hatte, mit seinem bis dahin ernsthaftesten Problem. Die muslimische Eroberung des christlichen Herzlands und seiner wichtigsten religiösen Zentren in Palästina, Syrien, Ägypten und Nordafrika sowie Spanien beschwor eine Atmosphäre des Zusammenbruchs der für gottgegeben gehaltenen politischen Ordnung herauf. Der Fall des Königreichs der Westgoten zu Beginn des achten Jahrhunderts und die unaufhörlichen muslimischen Angriffe auf die Überreste des römischen Ostreichs versetzten die Christenheit in Alarmzustand. Als schließlich auch Frankreich und das restliche Westeuropa bedroht waren, verwandelten sich diese Regionen in Grenzbastionen zur Verteidigung des Christenreiches.

Überfälle und Raubzüge in christlich besiedelten Gegenden, wie sie einzelne oder Gruppen – offiziell im Namen des sich bildenden muslimischen Staates oder als gewöhnliche Banditen – verübten, um zu plündern oder einfach nur zu schikanieren, verschärften die Furcht vor dem Islam. Zahlreiche Berichte belegen die Beutezüge muslimischer Piraten im westlichen Mittelmeer, die sich u.a. in Stützpunkten wie Pechina (nahe Almería) in Spanien oder Fraxinetum (La Garde-Freinet) in Südfrankreich festgesetzt hatten. In seiner *Antapodosis*, einer Chronik der Ereignisse zwischen 888 und 949, erwähnt Luitprand (922-972), Bischof von Cremona und enger Berater von Otto I., dass im Jahr 890 eine Bande von zwanzig muslimischen Piraten einen Stützpunkt in Fraxinetum aufbaute. Für die Dauer von fast einem Jahrhundert war dies der Ausgangspunkt von Angriffen auf Dörfer und Städte in Südfrankreich und den italienischen Küstengebieten, bei denen Gefangene als Sklaven verschleppt wurden. Südfrankreich wurde so umfassend verwüstet, dass bischöfliche Listen in dieser Zeit Lücken zwischen Nizza und Venedig aufweisen. Selbst der Bischof von Marseille erwog 925, seinen Stuhl aufzugeben. Als Folge dieser Ereignisse wurden für einen Zeitraum von neunzig Jahren keine Taufen verzeichnet.

Die Südosteuropäer wie auch die Christen in Armenien und Georgien verfügen über ähnliche Erinnerungen. Das erste Bild, das der Westen mithin vom Islam hatte, war das einer kriegerischen Gemeinschaft von Eroberern und Plünderern. Ob nun zu Recht oder zu Unrecht, der Aufstieg des Islam löste im Westen jedenfalls eine tiefe und anhaltende Angst aus. Eine symbolische und unauslöschliche Assoziation des Islam mit dem Schwert war die Folge.

II. Unwissenheit

Trotzdem wäre es naiv, die Krise des Christentums angesichts seiner Konfrontation mit dem Islam ausschließlich an militärischen Erfolgen und Verlusten, verlorenen Territorien und Städten festzumachen oder in Überfällen, Entführungen und Plünderungen zu bemessen – nicht, dass man deren Gewicht unterschätzen sollte. Mehr noch als dessen militärische Erfolge bestürzte das Christentum aber die religiöse Lehre des Islam. Voller Angst versäumte es der Westen, diese Lehre kennen zu lernen, und verwechselte die islamische Religion und Gesellschaft mit dem Piraten- und Räuberunwesen einer zwar mächtigen, aber kleinen Minderheit. Die ersten westlichen Versuche, den Islam ins Auge zu fassen, zeugten von Verwirrung und Unwissenheit. Mir ist keine zweite historische Persönlichkeit bekannt, die so viel Feindseligkeit auf sich gezogen hätte wie der Prophet Mohammed im christlichen Denken und Schrifttum. Die Beispiele hierfür sind zahlreich und stammen aus unterschiedlichen Zeiten und Regionen. So drängt sich einem das Bild auf, das zumal im Nahen Osten unter muslimischer Herrschaft lebende Christen vom Islam zeichneten. Johannes von Damaskus etwa, einer der christlichen Kirchenväter des achten Jahrhunderts, sah im Islam eher ein Schisma als einen Gegenstand des Abscheus und beschrieb ihn nichtsdestotrotz als „den anhaltenden irreführenden Aberglauben der Israeliten, den Vorläufer des Antichristen“.

Noch negativere Einstellungen lassen sich mit christlichen Schriften aus dem Westen illustrieren. Den Anführern der christlichen (mozarabischen) Rebellion im muslimischen Córdoba, Eulogius und Paul Alvarus, galt Mohammed als der elfte König, der nach dem vierten Tier kommt: „Er wird den Höchsten lästern und die Heiligen des Höchsten vernichten und wird sich unterstehen, Festzeiten und Gesetz zu ändern. Sie werden in seine Hand gegeben werden eine Zeit und zwei Zeiten und eine halbe Zeit.“ (Dan 7, 25). Sie schlossen, dass Mohammeds Tod im Jahr 666 (ein Datum, auf das man nach der Zeitrechnung der spanischen Ära kam) dem prophetischen Wert dieser Zahl in der Offenbarung des Johannes (Offb 13, 18) entsprach, und machten aus ihm das Tier der Offenbarung oder den Antichristen. Solche Schriften nahmen Vorbildcharakter an. Neben anderen haben der verstorbene Norman Daniel und Sir Richard W. Southern die entsprechenden negativen Einstellungen und Verdrehungen umfassend dokumentiert.

III. Die Erzeugung von Bildern

Angst und Unwissenheit ließen die Erzeugung von Bildern zur bestimmenden Größe in der Haltung des Westens gegenüber dem Islam werden. In geringerem Maße gilt dies auch für die islamische Einstellung zum Westen. Man erzeugt ein Bild, indem man eine mentale Repräsentation oder Perzeption einer Person oder Gruppe von Personen erschafft. Durch dieses Bild drückt man das Ausmaß seiner Bewunderung oder Verachtung für jene Person oder Gruppe aus. Wie bei einem Idol formen und definieren Bilder unsere Einstellung gegenüber dem „Anderen", obwohl das wahrgenommene Bild unser eigenes Werk ist. Zur Erzeugung eines Bildes gehört es, Tatsachen so in ihre Einzelteile zu zerlegen, zu verzerren und zu selektieren, wie es unseren Absichten entspricht. Auf diese Weise können wir ein Bild erschaffen, das die guten Eigenschaften einer Gruppe, von der wir eine positive Wahrnehmung haben (etwa von uns selbst), hervorhebt und ihre Mängel und Fehler verdeckt. Andersherum können wir die realen oder imaginierten Makel einer Gruppe, von der wir einen negativen Eindruck pflegen wollen, in den Vordergrund stellen. In Krisensituationen können wir unseren Opponenten sogar in einem solchen Maß dämonisieren, dass wir unserem eigenen, ihm gegenüber hervorgerufenen Hass erliegen. Wenn wir unser positives oder negatives Bild des „Anderen" formen, können wir jene Eigenschaften übertreiben oder uns sogar zusammenreimen, die wir betonen möchten. Wir wollen damit nicht nur andere dazu bringen, die Realität so zu sehen wie wir, so übertrieben oder falsch unsere Position auch sein mag, sondern wir wollen auch uns selbst davon überzeugen, dass unsere Position dem „Anderen" gegenüber korrekt ist, wie unbegründet auch immer sie sein mag. Auf diese Weise beglückwünschen wir uns selbst dazu, nicht so zu sein wie der „Andere", den wir für den Splitter in seinem Auge kritisieren, um dabei den Balken in unserem eigenen zu übersehen (Mt 7, 3). Tatsächlich befleißigen sich alle Gesellschaften dieser Übung, und weder der Islam noch der Westen bilden da eine Ausnahme.

Gewiss überdauern Negativbilder auch durch den ganz normalen Prozess der Weitergabe wahrer wie falscher Ideen von einer Generation an die andere. Gleichwohl werden Bilder nicht in einem Vakuum kultiviert und entstehen nicht *ex nihilo*. Wir müssen uns folglich fragen, in welchem Ausmaß eine Kultur – jede Kultur – an der Erzeugung von Bildern teilhat, die sich andere von ihr machen. Auch müssen wir fragen, inwieweit die Langlebigkeit eines Bildes vom Fortbestand jenes Problems abhängt, das einst zum Entstehen des Bildes führte. Zugleich sollten wir aber auch fragen, in welchem Umfang Ereignisse, die zur Erschaffung oder Bewahrung eines Negativbilds führen, konstruiert oder jedenfalls aus ihrem ursprünglichen raumzeitlichen Kontext herausgelöst sind, um für die Zwecke des Bildmachers in ein Absolutes verwandelt zu werden.

Vor dem Hintergrund dieser Fragen sollten wir nun das Bild betrachten, das der Islam und der Westen jeweils voneinander haben. Wie wird der jeweils „Andere" in den Geschichtsbüchern, in der kulturellen und religiösen Selbstwahrnehmung, der Definition der eigenen Identität, der Schule und den Lehrplänen, der Unterweisung und Predigt der religiösen Institutionen dargestellt? Tradieren wir Bilder aus dem Mittelalter, Negativbilder zumal, wenn wir an die je andere Religion und ihre Gläubigen denken? Lassen wir uns etwa, wenn wir heute Bilder des „Anderen" hervorbringen, von den Medien und ihrer Auswahl des aus welchen Gründen auch immer für verbreitenswert Gehaltenen leiten? Reden wir nur der herrschenden frömmlerischen Intoleranz nach dem Munde, deren Ziel es ist, die jeweils andere Religion und ihre Anhänger so hässlich wie möglich aussehen zu lassen? Zugegeben, der Westen hat den Islam gewiss insofern überholt, als er sich in den letzten beiden Jahrhunderten intensive Kenntnisse seiner literarischen, kulturellen und „exotischen" Aspekte angeeignet hat. Es sollte aber nicht übersehen werden, dass eine wachsende Zahl von Muslimen die westliche Welt ähnlich differenziert betrachtet.

IV. Worin besteht die Lehre des Islam?

Die islamische Religion entstand im siebten Jahrhundert durch die Predigten des Propheten Mohammed in der Stadt Mekka. Der Gehalt dieser Gründungsphase des Islam, die von Mohammeds Predigten und ihrem Einfluss auf die, die sie beachteten und befolgten, gekennzeichnet ist, lässt sich am besten einschätzen, wenn man den Worten eines der Neubekehrten (Ja'far ibn Abî Tâlib) lauscht. Der muslimischen Überlieferung zufolge riet Mohammed den ersten Muslimen in Mekka, als dort ihr Wohlergehen gefährdet war, auszuwandern und im christlichen Abessinien Zuflucht zu suchen. Ja'far richtete sich im Namen der Schutzsuchenden an den König von Abessinien und wandte sich gegen den Versuch von Polytheisten aus Mekka, die Muslime aus dem Königreich vertreiben zu lassen – und er sprach vom Wandel ihres Lebens, seitdem sie der neuen Lehre folgten:

Höre, o König! Wir waren ein unaufgeklärtes Volk. Wir beteten Götzen an, ernährten uns von Aas, begingen verabscheuungswürdige Taten, rissen Familien auseinander, waren voller Niedertracht gegen unsre Nachbarn, und die Mächtigen unter uns verschlangen die Schwachen. In diesem Zustand verweilten wir, bis Gott uns einen Botschafter sandte, einen der unsrigen. Wir kannten seine Familie, seine Aufrichtigkeit und Gewissenhaftigkeit, seine Reinheit. Er rief uns zu Gott, zu dessen Einzigartigkeit wir uns bekennen und dem wir dienen sollten; und er rief uns dazu auf, den Idolen und Steinen, die unsere Vorfahren und wir verehrten, abzuschwören. Er beschwor uns, aufrichtig in unserer Rede zu sein, Vertrauen nicht zu enttäuschen, die Blutsbande zu achten, gute Nachbarn zu sein, keine gesetzwidrigen Taten zu begehen und kein Blut zu vergießen; er verbot uns, Unzucht zu verüben, falsch Zeugnis abzulegen, die Habe der Waisen zu verzehren oder sittsame Frauen zu verleumden; er verfügte, dass wir beten, Almosen verteilen und fasten sollten... So trauten wir ihm, akzeptierten ihn und folgten ihm.

Diese Beschreibung der zukunftsweisenden Eigenschaften des islamischen Glaubens findet reiche Bestätigung in den Lehren (Offenbarungen), die schließlich in den Koran, das heilige Buch des Islam, Eingang fanden.

V. Widerstreitende Lehren

Einige Aspekte der islamischen Doktrin betreffen die Christen unmittelbar. Der Islam lehrt, dass Gott Sein Wort durch frühere Gesandte und Propheten offenbarte, unter denen besonders hervorragen:

- Moses (*Mûsá*), Überbringer der Tora. Ihm folgten weitere Propheten, die den Kindern Israels Gottes Erlösungsversprechen verkündeten und sie warnten, als sie vom Weg des Gehorsams gegenüber Gottes Gesetz abwichen;
- Jesus Christus (*'Îsá*), Sohn der Maria, Überbringer des Evangeliums, das von der Jungfrau Maria geborene Wort Gottes. Auf Gottes Befehl heilte Jesus die Kranken, erweckte die Toten zum Leben und hauchte geformten Lehm (Vögeln) Leben ein. Er lehrte, rechtschaffen zu sein und Gott zu ehren und verkündete die Ankunft des Propheten Mohammed. Doch anders als die Christen glauben, war Jesus weder göttlich noch Gottes Sohn. Dem Islam zufolge zeugte Gott nicht und wurde nicht gezeugt und hat nicht seinesgleichen *(lam yalid wa-lam yuwlad wa-lam yakun lahu kufu'an ahad*). Darüber hinaus wurde Jesus in den Augen des Islam weder gekreuzigt, noch starb er. Zu Beginn des Jüngsten Tages wird er wiederkehren. Auch das Vokabular der Dreifaltigkeit akzeptiert der Islam nicht.

Ungeachtet tiefgehender und unversöhnlicher Unterschiede in christologischer Hinsicht ist der Islam dem Judentum und dem Christentum in Fragen der religiösen Ethik jedoch sehr ähnlich.

VI. Alleinige Wege zur Erlösung

So wie das Christentum verstand der Islam seine Offenbarung als eine, die ihre Vorläufer verdrängt und ersetzt. Dabei waren weder Islam noch Christentum bereit, ihren Anspruch aufzugeben, den alleinseligmachenden und gottgewollten universellen Weg zur Erlösung darzustellen. Beide Religionen sahen sich mit der Verantwortung betraut, die Seelen der Menschheit zu retten. Ob sie ihre religiöse Identität unverändert beibehielt, wie in der islamischen Welt, oder sich zu deren säkularisierter Aufklärung entschloss, wie das im Westen der Fall war, jede der beiden Gruppen beansprucht nach wie vor, ihr eigener Weg sei der bessere, wenn nicht der alleinige Weg zur Erlösung und zu einem besseren Leben. In meinen Augen besteht hierin der entscheidende Punkt für die Unstimmigkeiten zwischen beiden Religionen.

Ich möchte dies mit einem historischen Beispiel illustrieren. Im Laufe des zehnten Jahrhunderts wurden Europa und, in geringerem Ausmaß, die islamische Welt von einer schweren Wirtschaftskrise heimgesucht. Es gab einen Mangel an Gold und Silber, jenen wertvollen Metallen, die zum Prägen von Münzen und zur Stabilisierung der Wirtschaft erforderlich waren. Als die muslimische Dynastie der Almoraviden, die im 11. Jahrhundert Marokko und später das muslimische Spanien erobert hatten, Zugang zu den neu entdeckten Goldminen im Afrika südlich der Sahara erlangte, ließen sich muslimische Goldmünzen im Überfluss prägen. Die Qualität dieser neuen Münzen ist noch heute unübertroffen. Der Papst, auf wirtschaftliche Stabilität in seinem Herrschaftsbereich bedacht, verlangte, dass die Kirchen von England, Frankreich, Italien, Deutschland und anderswo ihre Abgaben in Almoraviden-Münzen entrichteten. Der kastilische König Alfons VIII. kopierte schließlich die muslimischen Münzen. Weder die muslimische Goldmünze noch ihre christliche Imitation wiesen eine figürliche Darstellung auf; beide Seiten der jeweiligen Geldstücke trugen vielmehr Inschriften. Auf den Rand der muslimischen Münze war eine Passage aus dem Koran geprägt: „Und wer eine andre Religion als den Islam begehrt, nimmer soll sie von ihm angenommen werden, und im Jenseits wird er verloren sein.“ (Sure 3, 85). Mutatis mutandis lautete die Prägung auf dem christlichen Gegenstück: „Wer da glaubet und getauft wird, der wird selig werden“ (Mk 16, 16) – der Rest des Verses fand sich nicht auf der Münze, war aber sicher mitgedacht: „wer aber nicht glaubet, der wird verdammt werden“.

An dieser Stelle scheint der Hinweis angebracht, dass „Islam“ im Kontext des Korans ursprünglich die Ergebung in Gottes Willen bedeutete, für die Abrahams Bereitschaft, seinen Sohn zu opfern (1. Mose 22), das archetypische Ereignis darstellte. Folglich wurde der Ausdruck „Islam“ im Koran so gebraucht, dass er Juden und Christen ebenso umfasste wie diejenigen, deren Gottesglaube vom Propheten Mohammed geformt wurde. Eine wachsende Zahl von Koraninterpreten jedoch verstand den Ausdruck im Lauf der Zeit so, dass er sich ausschließlich auf die Anhänger des Propheten Mohammed bezog und Christen wie Juden ausschloss.

VII. Religion und Staat

Ich möchte mich nun dem muslimischen Staat nach dem Ende der Kolonialherrschaft zuwenden. Kann man im Islam von einer Säkularisierung respektive der Trennung von „Kirche" und Staat sprechen? Ich möchte hierzu auf zwei Bibelstellen hinweisen. In der ersten antwortet Jesus auf eine ihm gestellte Frage: „So gebet dem Kaiser, was des Kaisers ist, und Gott, was Gottes ist!" (Lk 20, 22-25) Die zweite Stelle stammt aus einem Brief des Paulus an die Christen in Rom, geschrieben zu einer Zeit, als die römischen Herrscher die religiösen Überzeugungen des Paulus und seiner christlichen Briefpartner ablehnten und die Christen verfolgten und bekämpften: „Jedermann sei untertan der Obrigkeit, die Gewalt über ihn hat. Denn es ist keine Obrigkeit ohne von Gott; wo aber Obrigkeit ist, die ist von Gott verordnet." (Röm 13, 1) Meiner Ansicht nach zeigen diese Passagen, dass der Westen bereits über die wichtigsten Voraussetzungen einer friedlichen Abgrenzung von „Kirche" und Staat verfügte: a) die Unterscheidung zwischen dem, was dem „Kaiser", und dem, was Gott zukommt; und b) den erforderlichen Gehorsam dem Staate gegenüber, selbst wenn dieser seine Untertanen verfolgt wie Rom die Christen, als Paulus seinen Brief schrieb.

Zu keiner dieser Maximen findet sich eine Entsprechung in der islamischen Lehre. Zum einen kommt dem „Kaiser" gar nichts zu, sondern alles Gott und Gott allein. Zum zweiten wird der Gehorsam der Obrigkeit gegenüber, wie ihn der christliche Apostel befürwortet, nur so lange empfohlen, wie jene Obrigkeit nicht mit Gottes Gesetz unvereinbar ist.

Zwei Punkte müssen hier sofort betont werden. Zunächst existiert im Islam das Konzept einer „Kirche" als religiöser Institution nicht. Es gibt weder Klerus noch Kirchenhierarchie, Synode, Konzil oder Kurie, wie sie im Christentum Abendmahl oder Kommunion spenden sowie Lehre und Disziplin regeln. Und zweitens schweigt sich der Koran über eine Definition des Staates oder der Regierungsform aus. Die Lehre vom Aufbau und der Verwaltung des Staates leitet sich vom Verhalten des Propheten, der *sunna*, ab. So wurde im Islam die Erfahrung des Propheten und seiner unmittelbaren (gewählten) Nachfolger zur Grundlage der Idee des Staates – und zum Ideal, das jene anstreben, die die Herrschaftsstruktur im Islam reformieren wollen.

Ich möchte dies in seinen historischen Kontext stellen. Nachdem er den sturen, verstockten Bewohnern Mekkas – seiner Geburtsstadt – zwölf Jahre lang die Einheit und Einzigkeit Gottes gepredigt hatte, wurde Mohammed im Jahr 622 von den streitlustigen Bewohnern Jathribs/Medinas, einer Stadt nördlich von Mekka, eingeladen, um über ihre Meinungsverschiedenheiten zu befinden und sie zu schlichten. Im Lichte der ihm zuteil gewordenen Offenbarungen und mithilfe seines persönlichen Charismas gelang es dem Propheten, den zerstrittenen Stamm in eine einzige Glaubensgemeinschaft zu verwandeln. Diese Übersetzung der Offenbarung in eine greifbare Anwendung auf das Alltagsleben der Glaubensgemeinschaft legte den Grundstein nicht nur für den muslimischen Staat, sondern für die ganze muslimische Ära. Das Regierungssystem, das Mohammed errichtete, wurde zum islamischen Staatsideal.

Nach dem Tod des Propheten im Jahr 632 war die herrschende Meinung (also die der *sunnitischen* Muslime) dafür, den künftigen Führer der Gemeinschaft, den Kalifen, aus dem Kreis der Männer um den Propheten auszuwählen. Eine beträchtliche Minderheit, die *Schia*-Muslime oder Schiiten, vertraten die Auffassung, der Prophet habe seinen nächsten Verwandten (Ali) und dessen Nachfahren für die Amtsgewalt auserkoren. Nicht ohne Schwierigkeiten wurden nacheinander vier Herrscher gewählt. Dieses Schema wurde willkürlich durch eine dynastische Erbfolge ersetzt.

Doch während sich das Verfahren zur Bestimmung des Staatschefs änderte, blieb sich das Wesen des Staates selbst gleich. Es beruhte auf zwei Grundprinzipien. Das erste bestand in der alleinigen Souveränität Gottes; der – ob nun gewählte oder ernannte – Herrscher war nur „Stellvertreter Gottes" (*khalifat Allâh*). Wie Hava Lazarus-Yafeh feststellt, „erinnert diese Haltung an biblische Verse, in denen Gott als alleiniger politischer Souverän verstanden wird und menschliche politische Institutionen als eine Art Götzendienst gelten". Das zweite Grundprinzip besagte, dass alles Recht (*scharî'a*) aus dem geoffenbarten Wort Gottes abgeleitet werden muss, welches keine Überschreitung duldet. Die Aussprüche und Verhaltensweisen des Propheten sollten eine zweite Quelle der Gesetzgebung für Fälle darstellen, über die der Koran nichts sagt.

Nachdem sich aber der Staat zu einem Reich ausdehnte, das vielfältige Regionen, Kulturen, Ethnien und Sprachen umfasste, wurde deutlich, dass der Koran nicht ausdrücklich all das enthält, was zur juristischen Verwaltung der Staatsangelegenheiten erforderlich ist. Das in einer bestimmten Region vor der Ankunft des Islam vorherrschende Recht wurde ohne viel Zögern übernommen und angewandt, solange die Gesetze den Geboten des Korans und den Aussprüchen und Praktiken des Propheten und der von ihm geführten Gemeinschaft nicht widersprachen. Wichtiger aber noch ist, dass die Formulierung neuer Gesetze, da es ja kein gesetzgebendes Organ gab, in die Hände der Gelehrten (*'ulamâ*) und Richter der nach und nach entstehenden Rechtsschulen gelegt wurde. Diese Gelehrten sollten im Einklang mit den Geboten des Glaubens handeln, ohne sich von den Launen der Gesellschaft oder Wünschen des Herrschers beeinflussen zu lassen; ein Ideal, hinter dem man häufig zurückblieb. Alles in allem jedoch war die Gesetzgebung Sache der Gelehrten, nicht des Herrschers. In diesem Maße waren „Kirche" (Gelehrte) und Staat (Herrscher) im Islam getrennt, wobei die Gelehrten gleichwohl die geistigen Hüter des Glaubens blieben.

In den muslimischen Gemeinschaften wuchs das Bedürfnis, zu einer Anwendung der Scharia, des muslimischen Rechts, zurückzukehren. Nachdem im Laufe des 20. Jahrhunderts immer mehr muslimische Gesellschaften die Kolonialherrschaft abschüttelten, versuchten – und versuchen – verschiedene muslimische Staaten, ihr politisches System und ihr Rechtssystem gleichzeitig auf zwei sich widersprechenden Linien zu entwickeln: dem traditionellen islamischen, dem sie anhängen, und dem modernen europäischen, unter dem sie gelebt haben. Mit einem Auge blickten sie in die Vergangenheit, auf die Strukturen des islamischen Staats, der durch die Herrschaft des Propheten und seiner unmittelbaren Nachfolger zum Ideal geworden war. Gleichzeitig betrachteten sie mit dem anderen Auge die moderne Welt, die durch die schöpferische Französische Revolution und ihre erfolgreiche Überwindung des – in der muslimischen Erfahrung mit den Kolonialmächten identifizierte – *ancien régime* herbeigeführt worden war. Ihre Vergangenheit bot den Muslimen das Bild eines idealen Staates, in dem Gott die höchste Souveränität besitzt und die Gesetzgebung sich vom göttlichen Gesetz, der Scharia herleitet – oder ihm jedenfalls nicht widerspricht. Da sie unter der Kolonialherrschaft keine Erfahrungen mit der Demokratie hatten sammeln können, griffen sie auf das islamische Prinzip der Schura („Beratung") zurück, dem zufolge alle Streitfragen durch Beratung zu entscheiden sind. Doch blieb dies ein anzustrebendes Ideal, das seit dem Tod des Propheten zu keiner Zeit wirklich erreicht worden ist.

Die überlieferten Institutionen stellten eine muslimische Gesellschaft, die nach dem Ende der Kolonialherrschaft ohne Kalifat dastand, vor erhebliche Probleme. Eine dieser Schwierigkeiten hat mit der Person des Herrschers zu tun. Die ferne und idealisierte Vergangenheit bot den Muslimen ein Mittel, um – durch Wahlen oder dynastische Bestimmung – einen Herrscher zu finden. Ein Mittel, diesen wieder loszuwerden, wenn er den frommen Erwartungen nicht genügte, gab sie allerdings nicht an die Hand.

Eine weitere Schwierigkeit liegt darin, dass es keine Definition der Schura gibt, die auf die heutige Zeit anwendbar wäre. Das Prinzip der Beratung lässt sich leichter in einer traditionalen Gesellschaft befolgen, in der jeweils der Kopf der Familie für seine Sippe spricht. Wie aber soll man es in ein modernes parlamentarisches System überführen, mit dem die Muslime unter der Fremdherrschaft zumal keinerlei Erfahrung hatten sammeln können? Nachdem sie die Kolonialherrschaft überwunden hatten, ohne die Erfahrung der Demokratie zu machen, standen und stehen viele Muslime der Idee kritisch gegenüber, das demokratische Unternehmen des Westens könne für sie als Modell taugen. Das Standardargument lautet, keine gesetzgebende Körperschaft dürfe Gesetze erlassen, die Gottes Wort (wie es im Koran offenbart ist) oder den anerkannten Äußerungen und Praktiken des Propheten entgegenstünden. Man darf die Macht, Gesetze zu erlassen, nicht in die Hände von Leuten legen, die sich vielleicht per Mehrheitsentscheidung über Gottes Wort hinwegsetzen. Wodurch würde verhindert, dass ein solcher Prozess zu einem Mittel würde, den Islam und seine Institutionen durch bloße Mehrheitsentscheidung oder eine Gesetzgebung im Stile Atatürks von innen zu zerstören?

Beim Blick auf die europäischen Modelle vermochten die Muslime die Trennung von „Kirche“ und Staat nicht als Vorbedingung politischer Modernisierung zu erkennen. Großbritannien verfügt über eine „Staatskirche“, deren Oberhaupt der König oder die Königin ist. Verschiedene europäische Demokratien gestehen der Kirche in unterschiedlichem Maße eine Rolle im Leben des Staates und seiner Institutionen zu, so etwa Griechenland, Irland und die skandinavischen Länder.

Anders als im christlichen Westen war der Staat vom Beginn der islamischen Geschichte an eine wesentliche und sichtbare Manifestation der auf das tägliche Leben angewandten Religion. Dies ist bis heute so. Ohne Ausnahme bekräftigen die Verfassungen muslimischer Staaten den Islam als Staatsreligion oder wenigstens als Religion des Staatspräsidenten, während die Gesetzgebung auf islamischer Rechtsgelehrsamkeit beruhen muss. Andere Wege wie etwa in Ägypten unter König Faruk oder im Iran des Schahs führten, wie sich zeigte, in die Katastrophe. Als nicht minder katastrophal erwiesen sich muslimische Regime, die ihre Bürger durch die engstirnige Anwendung von Gesetzen ersticken, denen fälschlicherweise eine religiöse Grundlage zugesprochen wird. Es gibt im Koran nichts, das die Bestrafung des Ehebruchs durch Steinigen billigen würde. Auch kennt der Koran keine Vorschrift, die Frauen zur Verschleierung zwingen würde. Für viele aufgeklärte Muslime – die nicht notwendigerweise im Westen leben – regelt die Mehrheit (wenn nicht die Gesamtheit) der muslimischen Staaten ihre Angelegenheiten auf eine Weise, die gegen die Gebote des Islam verstößt. Diese Muslime sehen den Islam als eine Religion, die dem geschädigten Kläger die Möglichkeit ausgleichender Gerechtigkeit einräumt, zugleich aber den Blick auf die Alternative lenkt, die in Gottes Gnade und Vergebung liegt. In ihren Augen ist der Islam eine Religion, die dem Leben und dem Wert der Menschen unabhängig von Geschlechts-, Rassen-, Klassen- und ethnischen

Unterschieden Achtung entgegenbringt. Die westliche Säkularisierung jedoch erscheint ihnen als Flucht vor einer ethischen Grundierung der Gesellschaft. Wie Mohammed Arkoun von der Sorbonne formuliert, ist „die Unmöglichkeit, in das Universum des Korans einzutreten, (...) eine Funktion jener geistigen Mutation, der sich die Menschheit seit dem Anbruch des Industriezeitalters unterzieht. Die Muslime sind zunehmend selbst in dieser Unmöglichkeit gefangen, weil auch sie den Verheerungen der Ideologien – modernen Religionen – erliegen, die im Namen des Wirtschaftswachstums jegliches Opfer rechtfertigen. Wie für alle anderen treten auch für sie am Ende säkulare Gründe an die Stelle religiöser Gründe."

Zusätzlich zum Dilemma des muslimischen Staats gilt es eine weitere Entwicklung zu beleuchten, nämlich den einwanderungsbedingten rasanten Wandel der Bevölkerungszusammensetzung in Europa und Nordamerika. Eine wachsende Zahl von Muslimen lebt heute in europäischen Ländern, die sich einmal an der Frontlinie der Verteidigung des christlichen Einflussbereiches gegen das Eindringen der „Ungläubigen" befanden. Dies eröffnet die Möglichkeit des Zusammenpralls zwischen einer Gesellschaft, die sich als säkular und pluralistisch versteht und zugleich ihre kulturelle Identität zu wahren sucht, und einer Gesellschaft, deren vorrangiges Bedürfnis in der Bewahrung ihrer religiösen Identität besteht, wie sie in ihre eigenen kulturellen Strukturen eingelassen ist. Ein Land wie meines – Kanada –, das keine zweihundert Jahre alt ist und nach einer kulturellen Identität sucht, stellt diese Konfrontation unterschiedlicher Erwartungen, wenn überhaupt, nur vor geringe Schwierigkeiten. Den älteren europäischen Gesellschaften dürfte der kulturelle Gegensatz größere Probleme bereiten. Verschärft wird ihre Ausgangslage durch das Ausmaß, in dem jede Gruppe dazu bereit ist, an der riskanten Praxis von sozialer Offenheit und Pluralismus mitzuwirken. Einer religiösen oder ethnischen Minderheit erscheint eine solche Offenheit gewiss als bedrohlich.

VIII. Zusammenfassung und Fazit

Bleibt die Frage: Lassen sich der Islam und der Westen vereinbaren? Können sie ihre Identität wahren und trotzdem friedlich zusammenleben?

Ich habe zu zeigen versucht, dass die erste Begegnung des Westens mit dem Islam Angst und Misstrauen auslöste und zu einer verzerrten Darstellung religiöser Überzeugungen führte. Dies ist leider immer noch der Fall. Auch wird es in grundlegenden Fragen der religiösen Lehre für den Gläubigen im Westen keine Einigung geben können, etwa was das Wesen Christi betrifft und die Geltung Mohammeds als Prophet.

Es stimmt, dass der Islam, der einmal enorm zur Entwicklung der westlichen Kultur beitrug, in seinen intellektuellen Bestrebungen gefährlich nachgelassen hat. Damit soll nicht gesagt sein, der Islam stelle eine Barriere für den geistigen Fortschritt dar; nichts wäre abwegiger. Der Prophet des Islam mahnte seine Anhänger, Männer wie Frauen, von der Wiege bis zur Bahre und bis in alle Winkel der Welt („suche das Wissen, und wäre es in China") nach Erkenntnis zu streben.

Es gab einmal eine Zeit, als die Muslime die Bedeutung dessen verstanden, was Karl Popper mit der Mahnung ausdrückte, dass wir nur menschlich bleiben können, wenn wir den Weg in eine offene Gesellschaft wählen. Ich habe dennoch keinen Zweifel, dass die muslimischen Gesellschaften, wenn sie die Chance dazu bekommen, nach und nach die Mittel finden werden, um sowohl ihrem religiösen Bedürfnis nach der „Herrschaft Gottes" als auch dem legitimen Verlangen der Öffentlichkeit nach einer freieren Gesellschaft Rechnung zu tragen – dass sie ihr Leben modernisieren können, ohne die Gebote ihres Glaubens zu verletzen. Solche auf die Herrschaft Gottes verpflichteten Gesellschaften wären frei von Korruption, ungleicher Wohlstandsverteilung, Unwissenheit und Analphabetismus, und alle, Männer wie Frauen, könnten in ihnen in den Genuss von Freiheit und Gerechtigkeit kommen. Heute wie in früheren Zeiten fällt die Aufgabe, ihre Institutionen zu reformieren, den Gelehrten zu (gleich welchen Geschlechts). Viele von ihnen haben sich diesem mühevollen Unternehmen bereits in der zweiten Hälfte des 19. Jahrhunderts zugewandt. Sie widmen sich damit keiner leichten, aber einer notwendigen Aufgabe.

Ich möchte zum Abschluss an eine Episode aus der muslimischen Geschichte erinnern, in der ich eine nützliche Parabel sehe.

Die Herrschaft al-Hakams II., des muslimischen Kalifen von Córdoba zwischen 961 und 976, war durch dessen große Frömmigkeit und Anteilnahme an seinen Untertanen geprägt. So tadelte der Kalif seine Distriktsgouverneure wegen exzessiver Besteuerung und Justizirrtümern. Er ließ ein „Armenhaus" errichten und dotieren, in dem die Bedürftigen Almosen erhielten, und stellte bezahlte Lehrer an, damit die Kinder der Armen Unterricht erhielten – 27 Schulen wurden am Ende zu diesem Zweck gebaut und mit einem Stiftungsvermögen ausgestattet, das die Fortdauer des Programms sicherstellte. Zum Zeitpunkt seines Todes hatte er alle Sklaven freigelassen.[1]

Al-Hakam war ein gelehrter Mann, der endlose Stunden mit der Lektüre und Kommentierung der unterschiedlichsten religiösen und weltlichen Manuskripte

[1] Ibn Hayyân, *al-Muqtabas* (ein Fragment, das die Jahre 970 bis 974 von al-Hakams II. Herrschaft zum Teil beschreibt), hrsg. von ʻAbd al-Rahmân Alî al-Hajjî, Beirut 1965, bes. S. 206 ff. Vgl. auch Ibn ʻIdhârî, *al-Bayân al-Mughrib*, hrsg. v. É. Lévi-Provençal und S. Colin, Beirut 1983, Bd. II., S. 240.

zubrachte, zu denen solche über Astronomie und Philosophie ebenso gehörten wie die antiken Schriften. Er trug eine exzellente Bibliothek zusammen, die zum Zeitpunkt seines Todes, folgt man einigen Chronisten, annähernd 400.000 methodisch katalogisierte Bände aus allen Bereichen der Gelehrsamkeit umfasste. Er umgab sich mit Gelehrten aus einer Vielzahl von Wissenschaften, die großzügig belohnt wurden und die sichere Freiheit genossen, das schreiben und lehren zu können, was ihre Forschung ihnen eingab. Unter den Eingeladenen befand sich eine Frau namens Lubna, die zu einer seiner Schreiberinnen wurde.

Zusätzlich zu den gelehrten Muslimen schloss sein Hof und enger Freundeskreis den christlichen Bischof von Córdoba ein, der im Westen unter dem Namen Recemundus bekannt ist. Da ihn die Überzeugungen und Praktiken seiner nicht-muslimischen Untertanen – Juden wie Christen – interessierten, beauftragte al-Hakam den Bischof, ein Buch zu schreiben, das einen Monats- und Tageskalender der christlichen Liturgie sowie einen Almanach der Kirchenfeste umfassen sollte. Auch astronomische und verwaltungstechnische Kenntnisse sowie saisonale Empfehlungen für die Landwirtschaft und Ernährung gehörten zum Schreibauftrag.[2]

Ein weiterer enger Gefährte war Hasdai Ibn Shaprût (915-970), ein jüdischer Rabbi und Hofphysiker und später der jüdische *nasî'* (‚Prinz' der Gemeinschaft). Während Hasdais Zeit als *nasî'* interpretierte einer der Gelehrten der jüdischen Akademie „den ganzen Talmud auf arabisch für den muslimischen König al-Hakam".[3]

Zusätzlich zu den Diensten, die sie ihren jeweiligen Gemeinschaften und dem Hof des Herrschers leisteten, waren sowohl der Bischof als auch der Rabbi als Gesandte al-Hakams an verschiedenen Höfen im Einsatz, darunter dem von Byzanz. Zuvor hatte der byzantinische Hof dem Kalifen zahlreiche Geschenke zukommen lassen, unter anderem eine illuminierte Kopie des griechischen Textes von Dioscorides botanischer Abhandlung *De Materia Medica*. Als sich in Córdoba niemand mit ausreichenden Griechischkenntnissen fand, schickte der Herrscher von Byzanz einen Mönch namens Nicholas, um bei der Übersetzung zu helfen. Mit seinem medizinischen Wissen unterstützte Hasdai Ibn

[2] Die „Eigenschaften der Jahreszeiten und des körperlichen Wohlbefindens" wurden später als *Liber anoe* ins Lateinische übersetzt. R. Dozy, *Le Calendrier de Cordoue*, Neuausgabe mit einem Vorwort und einer mit Anmerkungen versehenen französischen Übersetzung von Charles Pellat, Leiden: Brill 1961.

[3] *Sefer ha-Qabbalah*, S. 66. Vgl. auch Eliahu Ashtor, *The Jews of Muslim Spain*, 3 Bd., Philadelphia: Jewish Publication Society 1973, Bd. 1, S. 364 f.

Shaprût die Übersetzungstätigkeit.[4] Ein christlicher Mönch und ein jüdischer Arzt und Rabbi erarbeiten gemeinsam für einen muslimischen König (und unter dessen Patronage) die Übersetzung eines heidnischen wissenschaftlichen Werkes!

Vor seinem Tod bestimmte al-Hakam seinen Sohn Hischâm, zu jener Zeit noch ein Kind, als Nachfolger auf dem Stuhl des Kalifen und ernannte al-Mansûr zum „Reichsverweser“. Im Unterschied zu al-Hakam neigte al-Mansûr dazu, seine Stärke eher durch das Schwert als durch die Feder zu demonstrieren. Er brach unnötige und zerstörerische Kampagnen gegen friedliche Christen vom Zaun. Um öffentliche Unterstützung buhlend, „setzte er in Anwesenheit führender Gelehrter alle Bücher in Brand, die sich mit Philosophie oder der Lehre von der Ewigkeit der Welt befassten. Er leitete die Verbrennung und führte sie eigenhändig aus.“[5]

Aufgrund seiner Weisheit, seiner Gelehrtheit und seinem Gerechtigkeitssinn erntete al-Hakam zu Recht mehr Ruhm von den Chronisten als irgendein anderer muslimischer Herrscher in Spanien. Dieser überaus fromme muslimische Herrscher ließ es nicht an Treue zu seiner Religion und Gemeinschaft fehlen, indem er so vertrauten Umgang mit Christen und Juden pflegte oder die Schriften der Heiden studierte. Auch der Bischof ließ seine bischöflichen Aufgaben und Pflichten und seine Glaubensgemeinschaft nicht außer Acht. Und auch Hasdai war keineswegs ein weniger gläubiger Jude, weil er zugleich seinem Patron und seinem Volk Treue bewies. Diese Männer sahen in ihren Glaubensbekenntnissen Öffnungen zum Anderen, nicht Käfige, in denen sie eingesperrt wären.

Was uns, den Menschen im Islam und im Westen, bevorsteht, ist die Entscheidung, ob wir den Weg al-Hakams oder den Weg al-Mansûrs gehen wollen, den Weg der „Feder“ oder den des „Schwerts“. Ob der Islam und der Westen versöhnt werden können, hängst von unserer Entscheidung ab.

IX. Anhang
Die zentralen Lehren des Islam

Vereinfacht gesagt, ist der Islam ein Zustand totaler Ergebenheit in Gott, der im Arabischen mit dem erhabenen Wort *Allâh* bezeichnet wird (das nicht nur Muslime, sondern auch arabisch sprechende Christen und Juden gebrauchen). Er ist

[4] Ibn Abî Usaybi‘ah (Arzt und Bibliograph), *'Uyûn al-Anbâ' fî Tabaqât al-Atibbâ'*, hrsg. v. Nizar Ridâ, Beirut 1965, S. 494. Ibn Abî Usaybi'ah zitiert das verlorene Werk von Ibn Juljul, dem Leibarzt von al-Hakams Sohn Hischâm.

[5] Ibn ‘Idhârî, *al-Bayân al-Mughrib*, Bd. II, S. 292.

eine Antwort auf die göttliche Forderung nach liebendem fraglosem Gehorsam gegenüber Gott. Ein solcher Gehorsam kann nur erreicht werden, indem man sich an Gottes Gesetz und die Lebensethik hält, die Er dem Menschengeschlecht gegeben hat.

Der muslimischen Lehre zufolge war Abraham der erste Muslim, und der erste Akt von *islâm* (oder „Ergebung") war Abrahams gehorsame Erwiderung auf Gottes Befehl, seinen geliebten namenlosen Sohn zum Opfer zu bringen, und die entsprechende Bereitschaft und Kooperation des Jungen:

Und Wir verkündeten ihm einen milden Sohn.

Und da er das Alter erreicht hatte, mit ihm zu arbeiten,

Sprach er: „O mein Söhnlein, siehe, ich sah im Traum, daß ich dich opfern müßte. Nun schau, was du meinst."

Er sprach: „O mein Vater, tu, was dir geheißen ward, du wirst mich, so Allah will, standhaft erfinden." (Sure 37, 99-102)[6]

In ihrem gewohnt knappen und plastischen Stil unterscheidet sich die Erzählung des Korans von ihrem biblischen Gegenstück in einigen Details. Zwei dieser Unterschiede (die Anrufung im Traum und die Namenlosigkeit des Sohns) sind eher nebensächlicher Natur; der dritte aber ist erheblich und wird von den Muslimen stark betont. Auf Gottes Befehl antwortet nicht nur der, der opfern, sondern auch der, der geopfert werden soll. Diesen ganzen Vorgang, der einen Gott gehorchenden Vater und einen in Gottes Verfügung einwilligenden Sohn umfasst, muss man als archetypische oder Urszene (oder Urmythos) des Islam verstehen; sie wird mit dem höchsten Fest, dem „Opferfest", gefeiert. Der Muslim, die Muslimin ist aufgefordert, dieser „Urszene" zu gedenken und sie durch Disziplin in Handeln und Glauben in seinem oder ihrem Leben zu vergegenwärtigen.

Der erste und wichtigste Glaubensartikel im Islam besagt, dass Gott eins und einzig ist (*tauhîd*), niemand ihm beigesellt ist und er seinesgleichen nicht hat (*lâ ilâha illâ Allâh wahdadu lâ scharîka lahu*), und dass Mohammed sein Gesandter (*rasûl Allâh*) und Prophet (*nabî*) ist. Ebenso zentral ist der Glaube, dass es sich beim Koran um die durch Mohammed offenbarte Rede Gottes handelt, die der Menschheit das göttliche Geschenk der Führung oder „Rechtleitung" (*al-hudá*) macht und die Grundlage all dessen enthält, was nötig ist, um die Existenz und das Sein des Menschen zu leiten.

Zusätzlich ist der Muslim aufgefordert, zu glauben:

- dass diese Welt endlich und vergänglich (*dâr al-faná'*), die kommende Welt aber ewig ist (*dâr al-baqâ'*);

---

[6] [Anm. d. Übers.: Zitiert wird die Koran-Übersetzung von Max Henning, durchges. u. verb. Ausg. 1991 (zuerst: 1960), Stuttgart 2001.]

- dass es einen Tag der Wiederauferstehung (*yaum al-qiyâma*) und des Gerichtes (*yaum al-dîn*) gibt, an dem die Lebenden und die Toten für ihre Gedanken und Taten Rechenschaft ablegen müssen;

- dass das Paradies (*al-janna*) die Belohnung all jener ist, die das göttliche Gesetz befolgen, und die Hölle (*jahannam*) die Strafe für all jene, die sich gegen es auflehnen. Darüber hinaus ist der Muslim gehalten, an die Existenz von Engeln zu glauben, an die Dschinn, die den Menschen ganz nach seinem Willen zum Guten oder zum Bösen führen können, und an *Iblîs*, den gefallenen Engel, der Gott nicht gehorchte und die Menschheit zu Auflehnung und Ungehorsam verführen will.

Das göttliche Gesetz (Scharia) – das das wichtigste Gesetz für den einzelnen und für die Gesellschaft darstellt und dem Beispiel des Propheten folgt, der Gottes Gesetz in seinem Handeln (Sunna) verkörperte – verlangt dem Muslim zwei Arten von Verpflichtungen ab, denen es diszipliniert nachzukommen gilt: den rituellen Gottesdienst und fromme Taten. Zu ersterem gehört es,

- das Glaubensbekenntnis zu bekräftigen, indem man kundtut (*schahâda*), dass es keinen Gott gibt neben Gott und dass Mohammed sein Gesandter ist;

- das Ritualgebet (*salât*) fünfmal täglich zu verrichten;

- die rituelle Steuer (*zakât*) zu bezahlen und Almosen (*sadaqa*) an Bedürftige zu verteilen;

- während des Ramadan, des Monats der Offenbarung des Koran, zu fasten (*saum*);

- sich darum zu bemühen, wenigstens einmal im Leben die Pilgerschaft (*haddsch*) nach Mekka zu unternehmen.

Darüber hinaus muss ein Muslim

- all das tun, was dem Gesetz entspricht (*halâl*), und von all dem Abstand nehmen, was verboten (*harâm*) ist;

- etwas, das er liebt, an Brüder und Schwestern, an das Waisenkind, den Bedürftigen, den Bettler oder den Reisenden spenden; und Sklaven loskaufen;

- seinen Verpflichtungen nachkommen, wenn er ein Bündnis eingegangen ist;

- Unglück, Not und Gefahr mit Stärke ertragen;

- seinen irdischen Verpflichtungen nachkommen, ohne dass diese zum Selbstzweck würden;

- all seine Gedanken und Handlungen danach ausrichten, Gott wohlgefällig und den Belohnungen der kommenden Welt würdig zu sein;

- danach streben, Gottes Gesetz zu verstehen; sein Bewusstsein erweitern, um alle Aspekte von Gottes Schöpfung zu erfassen, und sein Herz erweitern, um der Gnade Gottes teilhaftig zu werden;

- Gottes Vergebung für alle seine Sünden erflehen, ob sie ihm bewusst sind oder nicht;
- die „große Anstrengung" (*dschihâd*) auf sich nehmen, um der Versuchung durch den Teufel zu widerstehen, und die „kleine Anstrengung", den „kleinen *dschihâd*", um mit der Gemeinschaft gegen die Feinde Gottes und des Islam zu kämpfen.[7]

Ein Muslim muss im Übrigen erkennen, dass der Mensch (ob Mann oder Frau) Gottes höchste Schöpfung darstellt und noch über den Engeln steht. Folglich ist jeder Muslim Bruder oder Schwester eines jeden anderen Muslim. Mann und Frau sind in den Augen Gottes gleich; beiden sind jedoch eigene (soziale und wirtschaftliche) Verantwortlichkeiten und Verpflichtungen aufgegeben und damit eigene (wirtschaftliche und soziale) Privilegien. Darüber hinaus steht in der Glaubensgemeinschaft (*umma*) kein Angehöriger welcher Klasse oder Rasse auch immer über irgendeinem anderen; Gott allein bemisst den Rang des Menschen nach seiner Frömmigkeit und Ergebenheit.

Es versteht sich von selbst, dass die hier zusammengefassten Vorschriften das Ideal des Islam darstellen, dem nicht alle Muslime folgen. Wer die Geschichte studiert, weiß um die Kluft zwischen unseren Idealen und der Realität unseres Lebens. Aber dies gilt für den Islam und die Muslime genauso wie für das Christentum und die Christen, wie für das Judentum und die Juden.

Aus dem Englischen von Michael Adrian

---

[7] Die Vorstellung einer „großen Anstrengung" oder eines „großen Einsatzes", wie ich sie hier gebrauche, wird von einer kleinen, jedoch einflussreichen Schule bestritten, zu deren herausragenden Vertretern der verstorbene Abdalla Azzam zählte.

Die Religion im Dialog mit ihrer eigenen Tradition: Judentum und Christentum im Vergleich

VON GABRIEL MOTZKIN

Der Titel dieses Aufsatzes – „Die Religion im Dialog mit ihrer eigenen Tradition" – verdankt sich einer Vorgabe des Kongresses, für den er ursprünglich geschrieben wurde. Dieser Titel enthält eine Metapher: die eines „*Dialogs*" mit der eigenen religiösen Tradition. Während die Vorstellung, dass eine Religion über eine Tradition verfügt, relativ unproblematisch ist, ist die Vorstellung eines „Dialogs" mit der eigenen Tradition notwendigerweise undeutlich, da mit ihr die Möglichkeit in den Raum gestellt wird, eine Religion ließe sich von ihrer eigenen Tradition unterscheiden, eine Religion mit einer Tradition könne mithin getrennt von genau dieser betrachtet werden. Darüber hinaus setzt dieser Titel im Unterschied zu den anderen Sektionen des besagten Kongresses – „Die Religion im Dialog des wissenschaftlichen Rationalismus", „Die Religion im Dialog mit anderen Kulturen" – nicht nur die Möglichkeit voraus, dass ein Gespräch mit der Vergangenheit geführt werden kann, sondern auch die Möglichkeit eines Selbstgesprächs. Selbst wenn wir die Möglichkeit eines solchen inneren Dialogs zugestehen, könnte es sein, dass das Gespräch zwischen Selbst und Selbst kaum Ähnlichkeit mit dem Dialog zwischen zwei Subjekten aufweist; es könnte sich in seiner Art so sehr unterscheiden, dass sich nur unter Zuhilfenahme eines anderen Begriffs charakterisieren ließe, was darunter zu verstehen ist. Auf jeden Fall wäre dieser Dialog wesensverschieden von denen der anderen genannten Sektionen, weil er die Möglichkeit eines Dialogs zwischen Selbst und Selbst (oder in erweiterter Bedeutung: zwischen dem einen Anderen und dem anderen Anderen) voraussetzt, als ob eine Religion tatsächlich die Möglichkeit beinhaltet, etwas anderes zu sein als ihre eigene Tradition, also ihre eigene Vergangenheit. Grundsätzlich geht ein solches Konzept des Dialogs davon aus, dass innerhalb einer Religion – oder genauer, innerhalb einer religiösen Tradition – die Unterscheidung zwischen Jetzt und Einst oder sogar zwischen Früher und Später durchgängig Sinn macht.

Man könnte meinen, dass diese Möglichkeit bereits ein historisches Moment beinhaltet, da die Art und Weise, wie wir Religion in diesem Zusammenhang erörtern sollen, nicht nur zeitlich ist, sondern zeitlich in dem spezifischen Sinne der zeitlichen Aufeinanderfolge, wohingegen sich die Metaphysik einer Religion so konstruieren ließe, dass sie eine zeitliche Aufeinanderfolge als wesentliches Element ihrer Geschichte ausschließt. Judentum und Christentum sehen sich gleichermaßen mit diesem Rätsel konfrontiert: Beide versuchen gleichzeitig historisch und ewig zu sein; sie trachten danach, eine ewige Wahrheit in der Zeit zu übermitteln.

Insoweit solche Dialoge stattfinden können, haftet ihnen etwas Spielerisches an, da man in ihnen nicht nur die Rede, sondern auch die Gegenrede fabrizieren muss, ganz wie bei dem Genre der fiktiven Dialoge zwischen verschiedenen philosophischen Positionen, die in der Renaissance nach dem Vorbild Platos entstanden. Der Gedanke an den Dialog als literarischem Kunstgriff wirft die Möglichkeit auf, dass der hier ins Auge gefasste Dialog mit der eigenen Tradition ein fiktiver ist, dem notwendig ein Moment der Erfindung innewohnt, als ob ein solcher Dialog immer das Konstrukt eines Gesprächspartners wäre, der zunächst den anderen Gesprächspartner erschaffen muss, um sich dann als Gesprächspartner des geschaffenen Gesprächspartners wiederzuerschaffen. Als ob ein geschaffener Gott wie der von Eriugena nicht nur die Emanation des schöpferischen Gottes wäre, sondern eines anderen wie des Menschen bedürfte, um überhaupt ein geschaffener Gott zu werden.

Nun gehört es zum Wesen zwischenmenschlicher Kommunikation, dass man nicht weiß, was der andere sagen wird. Was für die Kommunikation zwischen Personen gilt, mag freilich auf das Selbstgespräch einer Religion nicht zutreffen. Können wir im Rahmen einer religiösen Tradition einen Dialog konstruieren oder erfinden, bei dem wir nicht wirklich wissen, was der „andere" sagen wird? Können wir angesichts des Umstands, dass die Quelle religiöser Wahrheit in der Vergangenheit liegen soll, sodass eine solche dialogische Unbestimmtheit nicht nicht-fiktional sein kann, eine fiktionale Unbestimmtheit in einem Kontext ersinnen, der durch einen autoritativen Wahrheitsbegriff geprägt ist? Oder ist die mutmaßliche nicht-fiktionale Unbestimmtheit einer als Dialog verstandenen religiösen Tradition nicht von ganz anderer Art als die normale Unbestimmtheit, durch die sich ein nicht-fiktionaler Dialog auszeichnet, weil diese letztere Unbestimmtheit durch Bestimmtheit ersetzt werden kann, während im ersteren Fall die Unbestimmtheit selbst ein Konstrukt ist?

Das Gespräch zwischen uns und anderen vollzieht sich im Modus der Erwartung. Analog zu der Erwartung, welche die zwischenmenschliche Kommunikation färbt, könnte der Dialog zwischen zwei verschiedenen Religionen auf die eine oder andere Weise von Erwartung geprägt sein, wenn die monotheistischen Religionen nicht die Neigung hätten, anderen Religionen den Status eines möglichen Gesprächspartners abzusprechen. Oder es ließe sich an einen internen Dialog über einen Gegenstand denken, wie er innerhalb einer Religion über andere Religionen geführt wird, oder wie im Falle des wissenschaftlichen Diskurses über die Religion, bei dem es rhetorisch nicht klar ist, ob die Religion selbst einen Beitrag zu diesem Dialog zu leisten vermag. Die Stille der Religion im wissenschaftlichen Dialog über Religion verdankt sich zum Teil der methodischen Vorannahme, dass die Wissenschaft über etwas spricht, das stumm ist, so wie Sterne oder Zellen, wodurch sie auf die Beobachtung von Verhaltensweisen angewiesen ist, wie etwa Flugbahnen und Wachstum, um ihre Gegenstände zu verstehen. Wie wir wissen, ist diese Annahme für die Humanwissenschaften unhaltbar, weil hier eine sprachliche Mitteilung im Gegensatz zum beobachteten Verhalten stehen kann und dann nicht klar ist, ob man bei der Interpretation des Untersuchungsobjekts dem beobachteten Verhalten oder der sprachlichen Mitteilung Vorrang einräumen soll. Zu sagen, dass beides lediglich zwei Aspekte desselben Phänomens seien, geht an der Frage vorbei, denn der Punkt ist ja gerade, dass die Beobachtung der Interaktion von Sprache und Verhalten auf der grundsätzlichen Möglichkeit eines Widerspruchs zwischen beidem beruht und man nicht wie in den Naturwissenschaften annehmen kann, bei Auftreten eines Widerspruchs ließe sich irgendwo ein Substrat finden, auf dessen Ebene man den Widerspruch rational auflösen könne, um das Gesetz zu entziffern, unter dem das fragliche Untersuchungsobjekt steht. Gelegentlich hört man das Argument, der Gegensatz zwischen dem, was man sagt, und dem, was man tut, sei eine Folge der menschlichen Entscheidungsfreiheit, doch ist dies eine unnötige metaphysische Annahme: Wir wissen nicht, ob wir die Aktivitäten physischer Objekte als Entscheidungen beschreiben können, und ganz gewiss lässt sich die Kategorie der Entscheidung auf zahlreiche Lebewesen anwenden, über die wir nur durch das wissenschaftliche Prozedere Kenntnis erlangen können. Ein Grund dafür, dass wir für die Erkenntnis nichtmenschlicher Lebewesen auf wissenschaftliche Prozeduren angewiesen sind, ist, dass wir sie nicht fragen können, was sie denken. In dieser Hinsicht studiert die Wissenschaft Lebewesen und stumme Objekte auf die gleiche Weise, ganz anders als das vorwissenschaftliche Denken, das durch eine intuitive Unterscheidung zwischen stummen Lebewesen und materiellen Objekten geprägt war.

Hier entsteht nun die Verwirrung: Wenn wir „sie" (also andere Menschen) fragen, was sie denken, können und werden sie uns mitunter auch Dinge sagen, die mit dem, was uns vor Augen steht, nicht übereinstimmen. Darüber hinaus ist unser eigenes Wissen unhintergehbar sprachlich kodifiziert, was uns unfähig macht, Sprache vermittels unseres Wissens zu überschreiten. Unsere Erfahrung vermag die Sprache sehr wohl zu überschreiten, und es wäre falsch zu glauben, Sprache sei unsere einzige Zugangsmöglichkeit zu was auch immer. Genauso klar ist jedoch auch, dass Sprache eine Voraussetzung für diskursives Wissen ist, und dies gilt selbst dann, wenn die fragliche „Sprache" in einem numerischen Code besteht.

Wenn wir also nach der Bedeutung fragen, die das Zwiegespräch einer Religion mit sich selbst haben könnte, dann müssen wir zuerst den Dialog setzen und erst dann seine Teilnehmer: Die Teilnehmer sind keine anderen, die auch schweigend aneinander vorbeigehen könnten. Es ist folglich das Gespräch, das die religiöse Gemeinschaft konstituiert, und nicht die religiöse Gemeinschaft, die das Gespräch konstituiert. Mehr noch, die Vorstellung der grundlegenden definitorischen Qualität des Dialogs ist in die Idee einer religiösen Tradition eingebettet, denn eine Tradition ist das, was übermittelt wird. Die Teilnehmer sind über die Rollen definiert, die sie in der Übertragungskette einnehmen, und es ist von zentraler Bedeutung, dass man von ihnen nicht sagen kann, sie hätten eine von dieser unabhängige Existenz. Es gibt da nicht einige losgelöste Subjekte, die es hin und wieder vorziehen, an einer religiösen Tradition teilzuhaben. Vielmehr ist die Person, die an der Tradition teilhat, zur Gänze in diese eingeschlossen. Ein passenderer Titel für dieses Phänomen wäre folglich „Traditionen im Dialog mit ihren Teilnehmern".

Vor dem Hintergrund des Gesagten kann man dann Grade von religiösen Traditionen danach unterscheiden, in welchem Ausmaß die Tradition einer Religion in dieser legitimiert ist. An einem Ende des Spektrums kann man von einer protestantischen religiösen Tradition sprechen, die freilich innerhalb des Protestantismus nur über eine fragwürdige Legitimität verfügt: Die Verkündigungen deutscher lutherischer Theologen des 17. Jahrhunderts sind für die Theologen des 20. Jahrhunderts schlicht nicht bindend, und moderne protestantische Theologen beziehen sich auf solche Verkündigungen nicht als Quellen der Autorität. Auch innerhalb des Kontexts der Religion ist das Interesse an ihnen historischer Natur: Die theologischen Schriften der Vergangenheit werden entweder genutzt, weil man in ihnen Anregungen für den Umgang mit religiösen Fragen findet, oder weil sie erhellen, wie die protestantische Theologie dorthin kam, wohin sie später ging. Die Geschichte, in die solche Texte eingebettet sind, ist folglich eine Entwicklungsgeschichte. Indem man religiöse Texte auf diese Weise betrachtet, nimmt man ihnen indes ihren Gesprächscharakter, sie reden nicht mehr mit uns, sondern werden studiert. Ein Umstand, der den Dialog mit der Tradition betrifft, besteht also darin, wie viel Legitimität der Tradition zugebilligt wird.

Einen weiteren Umstand kann man als den metaphysischen Status der Tradition innerhalb der Religion bezeichnen. Auch hier stammt das beste Beispiel aus dem Christentum. Im Katholizismus nämlich wurde die Tradition historisch von drei anderen Phänomenen abgesetzt und hat in der Moderne noch einmal eine neue Bedeutung bekommen. Die drei Phänomene sind: die Offenbarung, Missbräuche und der geschriebene Text.[1] Wenn der Gegensatz zwischen Tradition und geschriebenem Text in den überlieferten Auffassungen von Tradition auch hervorzustechen scheint – sowohl wegen des Gegensatzes von mündlicher und schriftlicher Tradition im Judentum als auch wegen der Auseinandersetzung zwischen Katholizismus und Protestantismus über den relativen Wert des geschriebenen Texts –, so ist die entscheidende Frage für das Christentum doch das Verhältnis von Tradition und Offenbarung. Im Namen der Offenbarung verdammte der hl. Paulus das Gesetz, und unter dem Gesetz verstand er als Pharisäer die geschriebene und die mündliche Tradition gleichermaßen. Am Ende bewahrte das Christentum die geschriebene Tradition des Judentums, nicht aber seine mündliche Überlieferung. Ranft zufolge übernahmen die Katholiken während der Reformation die Haltung der jüdischen mündlichen Tradition, um sich gegen die protestantische Zurückweisung dessen zu verteidigen, was sie sich gerne als ihre mündliche Tradition vorstellten.[2] Aber diese Position kam aus der Defensive und zwang den Katholizismus dazu, eine in gewissem Maße pharisäische Haltung gegenüber einer Offenbarungstradition einzunehmen. Die Vorstellung, wie Tradition funktioniert, wandelte sich ihrerseits in Abhängigkeit von der Vorstellung, die man von den Inhalten der Tradition hatte. Sobald philosophische Texte zu wesentlichen Bestandteilen der religiösen Tradition wurden, was spätestens mit der Verkündung von *Aeterni Patris* im Jahr 1879 der Fall war, veränderte sich auch das, was man den institutionellen Dialog oder, allgemeiner, die Intertextualität der Tradition nennen könnte.

Vor die schwierige Aufgabe gestellt, die Offenbarung in zeitliche Kontinuität einzubetten, hätte das Christentum zu einer marcionitischen Position finden können, bei der die Offenbarung jegliche Tradition, jegliche Vergangenheit überflüssig macht. Obwohl ein solcher Standpunkt gut zu einer reinen Offenbarungstheologie gepasst hätte, verzichtete das Christentum auf diese Option. Es hielt stattdessen an der geschriebenen jüdischen Tradition fest, denn nur in diesem Rahmen machte sein Legitimitätsanspruch Sinn. Von Anfang an brauchte das Christentum daher Tradition und Offenbarung gleichermaßen. Der inhärente Gegensatz zwischen diesen beiden Konzepten wurde überbrückt, indem man die Tradition der Offenbarung konstruierte, eine Konstruktion, die sich als so erfolgreich erwies, dass die Tradition als ein Element in der scholastischen Entgegensetzung von Offenbarung und Vernunft in Dienst genommen wurde – mit der Folge, dass sich die Konzepte von Tradition, Offenbarung und Vergan-

[1] Zu den Debatten über das Verständnis von Tradition auf dem Konzil von Trient vgl. Hubert Jedin, *Geschichte des Konzils von Trient*, Freiburg 1949-1975, Bd. II, S. 53, 58, 62, 75.

[2] Joseph Ranft, *Der Ursprung des katholischen Traditionsprinzips*, Würzburg: K. Triltisch 1931, S. 115 f.

genheit im Verhältnis zueinander entwickelten, während die Vernunft getrennt von diesem assoziativen Feld verstanden wurde. Im Laufe der Jahrhunderte entwickelten sich zwar Ideen wie die einer Vernunfttradition oder einer Offenbarung der Vernunft, doch empfand man die Idee einer Offenbarung der Vernunft immer als paradox, so beharrlich war die Vorstellung, dass die Vernunft immer wieder aufs Neue auf der Grundlage erster Prinzipien entwickelt werden müsse, eine Vorstellung, die man ihrerseits im Kontext des Bunds von Tradition und Offenbarung betrachten sollte.

Zudem nährte die christliche Idee einer Tradition der Offenbarung die paradoxe Spannung zwischen dem Sinn der Tradition und dem geschriebenen Text. Der Offenbarungstradition lag ein mündliches Verständnis von Tradition zugrunde, wie es die mündliche Kommunikation der ersten Christen, die bezeugten, dass die Auferstehung tatsächlich stattgefunden hatte, anzeigt. Die erste christliche Tradition war mündlicher als die angeblich mündliche jüdische Tradition, denn was es weiterzugeben galt, war zunächst nicht ein Text, sondern die mündliche Mitteilung, dass Christus nach seiner Kreuzigung wiedererschienen war. Der Vorstellung, die „Kunde zu verbreiten“, lag ein mündliches Verständnis von Verbreitung zugrunde, und die ersten Apostel verbreiteten sie mit ihren Predigten, bevor irgendein geschriebener Text existierte. Es dauerte eine Weile, bis der mündlich übermittelte sichtbare Beweis der Präsenz Gottes der Schrift anvertraut wurde. Man vergleiche diese Abfolge vom Visuellen zum Verbalen zum Geschriebenen mit der jüdischen Offenbarung auf dem Berge Sinai, bei der es ein geschriebener Text ist, der offenbart wird und für den dann jedwede mündliche Herkunftsbeglaubigung sekundär ist im Verhältnis zur physischen Präsenz von Gottes Text – einer physischen Präsenz, die so heilig und so spannungsgeladen ist, dass Moses, mit der götzendienerischen Torheit der das goldene Kalb anbetenden Israeliten konfrontiert, die Tafeln zerbricht, auf denen das Gesetz geschrieben steht, das er nun auf neue Tafeln einschreiben muss, wobei aus dem Text nicht hervorgeht, ob Gott alle Gebote wiederholt; am wahrscheinlichsten ist, dass Gott die Gebote nicht selbst wieder einschreibt (womit erneut das Primat der Schrift vor der Rede angezeigt wäre: Gott beschriftete die ersten beiden Tafeln, äußert aber allem Anschein nach nur Teile dessen, was auf dem zweiten Satz Tafeln festgehalten wird).[3] Freilich werden

[3] Man vergleiche 2. Mose 34, 1: „Und der HERR sprach zu Mose: Haue dir zwei steinerne Tafeln zu, wie die ersten waren, daß ich die Worte darauf schreibe, die auf den ersten Tafeln standen, welche du zerbrochen hast“ mit 2. Mose 34, 27-28: „Und der HERR sprach zu Mose: Schreib dir diese Worte auf; denn auf Grund dieser Worte habe ich mit dir und mit Israel einen Bund geschlossen. Und er war allda bei dem HERRN vierzig Tage und vierzig Nächte und aß kein Brot und trank kein Wasser. Und er schrieb auf die Tafeln die Worte des Bundes, die Zehn Worte.“ Die dazwischenliegenden Passa-

die Kopien niemals so ursprünglich sein wie die Originaltafeln, die nun durch die bloße Konfrontation mit Götzendienerei zerstört worden sind.

Eine seltsame Heiligkeit – so zerbrechlich. Und doch ist diese Zerbrechlichkeit die notwendige Gründungsannahme der Tradition, und zwar aus zwei Gründen. Erstens ist die Fragilität im jüdischen Falle eine Metapher für die göttliche Unaussprechlichkeit, wohingegen sich die Tradition per definitionem aussprechen können muss. Gott mag unzugänglich, die Tradition muss zugänglich sein. Jedoch ist Gottes Unaussprechlichkeit die äußere Grenze der Tradition, die so dialektisch in dem gründet, was sie nicht ist. Zweitens hat die Zerbrechlichkeit eine symbolische Seite, da sie den fragilen Charakter einer normativen Tradition ankündigt, die sowohl zerbrechlich ist, weil Normen vergessen werden können, wenn sie nicht weitergegeben werden, als auch deshalb, weil ihre Gesetze gebrochen werden können.

Die ontologische Kluft zwischen der jeweiligen Heiligkeit der zwei Sätze von Tafeln ist ein Reflex auf die Frage nach der Gültigkeit des Gesetzes, nachdem es einmal gebrochen worden ist, also auf die Frage, wie das Gesetz wieder aufgestellt werden kann, nachdem es einmal überschritten ist. In diesem Sinne existiert die Tradition, um sicherzustellen, dass das Gesetz nicht erneut überschritten wird. In ihr ist die Vorstellung verkörpert, dass das Gesetz immer schon ursprünglich überschritten worden ist. Die christliche Instrumentalisierung der Tradition zu dem Zweck, eine bestimmte Eigenschaft der ursprünglichen Offenbarung zu bewahren, bietet hierzu keine echte Parallele. Die Idee der Überschreitung in das Konzept der Norm aufzunehmen, offenbart indes ein wiederkehrendes Problem normativer Systeme. Am Sinai muss nach der Gültigkeit des Gesetzes vor seiner Verkündung gefragt werden; die Juden konnten das Gesetz keinesfalls kennen, bevor Moses es ihnen mitgeteilt hatte; das Gesetz war formuliert, aber noch nicht verkündet. Folglich beinhaltet die Notwendigkeit eines zweiten Satzes Tafeln zusätzlich zur Idee der Überschreitung auch die Frage nach dem Inkrafttreten des Gesetzes. Das Gesetz gilt, sobald es erlassen ist, nicht, sobald es bekannt ist. Folgt man diesem Gedankengang, dann muss die Unterscheidung zwischen Erlass und Kenntnis des Gesetzes repliziert werden: Andernfalls würden Gesetze nur gelten, wenn sie bekannt sind, was konträr zur Auffassung einer religiös kodifizierten Rechtstradition ist, für die die Unterscheidung zwischen Naturrecht und positivem Recht wesentlich unklarer ist als für ein säkulares Rechtssystem. Tatsächlich enthält der biblische Text ein Muster der Vorwegnahme, indem erstens gewisse Vorschriften kundgetan werden, bevor Moses auf den Berg steigt, und indem zweitens zwischen Moses'

---

gen jedoch, in denen der Herr Seine Gebote ausführt, betreffen nur zum Teil die Zehn Gebote, zum anderen Teil Fragen der religiösen Observanz.

erstem Aufstieg auf den Sinai und dem Zerbrechen der Tafeln ein ganzer Gesetzeskodex verkündet wird und nicht nur die Gebote.[4] Diese Abfolge enthüllt die Vorstellung, dass die Gültigkeit des Gesetzes seiner Kenntnis vorausgeht.

Ich habe der möglichen Konstruktion dieser Kluft zwischen Offenbarung und Tradition soviel Aufmerksamkeit gewidmet, weil diese ursprüngliche Kluft sowohl für das Judentum als auch für das Christentum die Grundlage der Möglichkeit der Existenz der Religion ist: Die Tradition kann niemals den gleichen ontologischen Status haben wie die Offenbarung, obwohl der Katholizismus der Gegenreformation diese Kluft sowohl mit der Idee, die Tradition gehe dem geschriebenen Text voraus, als auch mit der Idee, die Offenbarung sei selbst ein fortlaufender Prozess, zu überbrücken versuchte. Gleichwohl steht die Tradition auch in diesem Fall vor der Frage nach der Möglichkeit ihrer Beziehung zum Gründungsakt der Religion, eine Frage, die nur in Bezug auf die ursprüngliche Offenbarung gestellt werden kann, nicht mit Blick auf spätere Offenbarungen. Der Vorteil der katholischen Strategie, die Offenbarung zu integrieren, besteht darin, sich auf diese Weise vor der Möglichkeit zu schützen, dass spätere Offenbarungen zur Schaffung neuer Religionen führen würden, eine Gefahr, der Judentum und Islam ihrem Wesen nach ausgesetzt sind.

Die Kluft zwischen Gründungsakt und Tradition verweist auch auf eine Abwesenheit, für die die Tradition eine Kompensation darstellt. Wenn man, wie im Judentum, diese Lücke mit dem Gesetz füllt, verortet man das Gesetz im Kontext einer Abwesenheit, was bedeutet, dass für eine Gesetzesreligion wie die jüdische das grundlegende Problem religiöser Freiheit in der Anarchie besteht, während für eine Religion des Glaubens wie die christliche die grundlegende politische Frage in der Diktatur besteht. Man könnte den Zeitabschnitt zwischen der Inkarnation und der Auferstehung im Christentum als eine ähnliche Lücke wie die zwischen der ersten und der zweiten Inschrift interpretieren, eine Zeit, in der die neue Offenbarung schon präsent, aber noch nicht festgelegt ist. Doch würde eine solche Lesart die Kraft der Auferstehung ernstlich schwächen. Die Bedeutung der Kreuzigung kann vor der Auferstehung nicht festgelegt werden, wohingegen die Bedeutung der ersten Niederschrift nicht durch die zweite Niederschrift determiniert ist. Trotzdem hängt in beiden Fällen die Existenz des Glaubens zwischen den beiden Ereignissen, die erst zusammen die vollständige Offenbarung bilden, in der Schwebe.

---

[4] 2. Mose 21-31. Man beachte auch, dass die Passage, in der Gott die beiden Tafeln mit dem Dekalog beschreibt, auf die Verkündigung dieses detaillierten Kodex folgt. So 2. Mose 31, 18: „Und als der HERR mit Mose zu Ende geredet hatte auf dem Berge Sinai, gab er ihm die beiden Tafeln des Gesetzes; die waren aus Stein und beschrieben von dem Finger Gottes."

Analog könnte man die zwei Tage zwischen Kreuzigung und Auferstehung mit jenem Zeitabschnitt vergleichen, der zwischen Moses‘ Zerbrechen der Tafeln und seiner Beschriftung der neuen Tafeln vergeht: Für einen Moment hängt die Welt in der Schwebe, denn das Gesetz wurde sowohl gegeben als auch, im wörtlichen Sinne, gebrochen. Die Frage ist, ob wir die Gabe des Gesetzes als den Neuanfang, den Ursprung verstehen sollten. Diese Frage ist für das Christentum vieldeutiger als für das Judentum. Entweder man lässt die christliche Ereignisfolge mit der Überschreitung, also mit der Kreuzigung beginnen, oder ihre Zeitlichkeit muss bis auf Christi Geburt, die Inkarnation, ausgedehnt werden, in welchem Falle die Inkarnation die Parallele zur ersten Inschrift bildet. Auch wenn man die Inkarnation als Ursprung nimmt, stellt sich die Frage nach der Gültigkeit der Botschaft Christi vor der Kreuzigung. Kann man seine Botschaft vor und nach der Kreuzigungs-Auferstehungs-Abfolge für identisch halten? Auch wenn man diese Frage bejaht, sind die vom Gläubigen erforderlichen Glaubensakte vor und nach der Auferstehung nicht identisch. Der christliche Gläubige kann nicht an Kreuzigung und Auferstehung glauben, bevor sie stattgefunden haben; selbst wenn er in die Zukunft schauen könnte, wäre doch die Qualität des Glaubensaktes, dass etwas Bestimmtes passieren wird, eine andere als die des Glaubensaktes, dass etwas Bestimmtes geschehen ist. Folglich können die Apostel als Christen in keiner Weise mit nach-österlichen Christen vergleichbar gewesen sein. In Begriffen christlichen Glaubens muss die Zeit von Jesus‘ Erdenleben eine ziemlich andere Religion erfordert haben; in Begriffen der nach-österlichen christlichen Religion kann eine solche, auf Ereignissen vor dem Karfreitag basierende Religion nur von zweifelhafter Legitimität sein, da die Offenbarung noch nicht abgeschlossen ist.

Nun zielt jedoch das in der Gegenreformation reformulierte Verständnis der christlichen Tradition auf die Zeit vor der Kreuzigung, nicht auf die Auferstehung als Schlüsselmoment der christlichen Tradition. Wenn der Sinn der Tradition darin besteht, den Rechtsanspruch der katholischen Kirche durch Jesus‘ Auftrag an den hl. Petrus zu sichern, dann muss der Ursprung der Tradition vor dem Schlussakt der Auferstehung situiert werden. In gleicher Weise hat es, wenn die *Sprüche der Väter* darauf hinauslaufen sollen, das mündliche Gesetz im Geschehen am Sinai zu verankern, zur Folge, dass der Ursprung des mündlichen Gesetzes vor die zweite Inschrift gelegt wird.[5] Auf diese Weise ist die Tradition, was immer ihr Inhalt sei, innerhalb der heiligen Geschichte verankert; die Religion kann ihre Tradition nicht mehr so auffassen, als kommunizierte sie lediglich das Ereignis, nachdem es stattgefunden hat.

---

[5] Pirke Aboth (Sprüche der Väter): 1: 1-2.

Am wichtigsten ist jedoch: Die Tradition ist nicht in erster Linie eine Tradition der Auslegung. Für die katholische Kirche ist das eindeutig, nicht so für die jüdische Tradition. Man kann diesen Zusammenhang auf zweierlei Weise betrachten: Entweder besteht der Effekt einer solchen Verortung der Tradition darin, die Auslegung zu kanonisieren, sie in ein heiliges Geschehen zu verwandeln. Oder das mündliche Gesetz ist keine Auslegung des Gesetzes, sondern etwas ziemlich anderes, das noch der Definition harrt. In beiden Fällen jedoch besteht ein Unterschied zwischen dem, was sich im mündlichen Gesetz vollzieht, und einer normalen Textauslegung. Die autoritative Lektüre eines Texts in einer heiligen Tradition unterscheidet sich nämlich erheblich von der protestantischen Idee der Textauslegung. Eine Interpretation, die mit der Kraft des Gesetzes ausgestattet ist, ist erheblich mehr als die Suche nach dem Sinn eines Textes. Wenn sie eine praktische Anweisung von dem Text ableiten will, unterstellt eine autoritative Auslegung die normative Kraft des Gesetzes. Wie von selbst verwischt sie die Grenze zwischen Interpretation und Gesetz, da es keinen substantiellen Bedeutungsunterschied zwischen dem Text und seiner Auslegung geben kann. Vielleicht sollte man diese Art und Weise, sich über einen Text auszulassen, deshalb nicht als Auslegung bezeichnen, sondern als autoritative Lektüre. Verwischt ist die Grenze, weil zwar die Methode, mit der man zu einer autoritativen Lektüre kommt, einer hermeneutischen Methode ähneln mag, es jedoch entscheidend darauf ankommt, dass die Grundannahme über die Bedeutung von Texten bei der Prozedur der Textauslegung eine ganz andere ist als bei einer autoritativen Lektüre. Man kann, um einen Text normativ zu machen, hermeneutische Methoden anwenden, muss dies aber nicht. Man kann sich ganz andere Weisen, die Bedeutung eines autoritativen Texts zu verstehen, vorstellen, die wenig mit hermeneutischen Methoden im herkömmlichen Verständnis zu tun haben. Religiöse Traditionen fußen üblicherweise auf der Tradierung von autoritativen Lektüren, nicht auf der Weitergabe von hermeneutischen Prinzipien.

Weil diese Traditionen nicht Auslegungen tradieren, sondern über die Frage der Legitimität wie auch der Zuweisung von Autorität für die betreffende Religion entscheiden, erweist sich die genaue Verortung des Ursprungs der Tradition im Rahmen des Ursprungs der Religion als so bedeutsam. In Judentum und Christentum ist der Ursprungsmoment der Tradition nicht historisch in dem Sinne, dass seine hauptsächliche Bedeutung die eines historischen Ereignisses wäre; vielmehr wird er als ein historisches Ereignis aufgefasst, weil er Teil der Erzählung der Religion ist. Die Funktion dieser Erzählung besteht darin, eine Wahrheit als historische Wahrheit zu erzählen, aber wenn wir betrachten, wie die Geschehnisse innerhalb der Geschichtserzählung funktionieren, müssen wir dies in Begriffen der eingebetteten narrativen Sequenz tun, weil es diese Schicht der Erzählung ist, die die Ereignisse zu heiligen macht.

Drei Abfolgen von Ereignissen sind für das Christentum entscheidend: die narrative Sequenz von der Inkarnation bis zur Kreuzigung, die narrative Sequenz von der Kreuzigung bis zur Auferstehung und die Sequenz zwischen der Auferstehung und der Komposition der Evangelien, bei der es sich zwar nicht um eine narrative handelt, die sich jedoch als historisch nicht weniger bedeutsam erwiesen hat. Die Ereignisfolge, die im Mittelpunkt der Debatte zwischen Katholizismus und Protestantismus über das Verhältnis zur Tradition steht, ist diese letztere zwischen der Auferstehung und der Komposition der Evangelien, die zugleich die Sequenz zwischen Mündlichkeit und Schrift ist, d.h. zwischen der mündlichen Erzählung, mit der der Erzählprozess einsetzt, und der geschriebenen Erzählung, die ihn beschließt. Die jüdische Lösung eines vergleichbaren Problems bestand darin, die Gesamtheit des Gesetzes auf den Sinai zurückzudatieren, was die historische Frage, wann die Tora geschrieben wurde, hinfällig macht, andererseits, wie schon bemerkt, Fragen bezüglich des Umfangs des Gesetzes aufwirft. Den entscheidenden Vorgang der Niederschrift des Gesetzes auf den Sinai zu legen und die Tradition von demselben Ereignis abzuleiten, schließt die Tradition in die Niederschrift des Gesetzes ein. Ein analoger Zug für das Christentum hätte darin bestanden, die Evangelien in die Apostelbriefe einzuschließen, die durch den Gegensatz von Briefschreiben und Predigen gekennzeichnet sind. Der Text des Neuen Testaments wird jedoch so präsentiert, dass die Evangelien, die das Leben Christi erzählen, vor den Briefen stehen. Folglich erlangt der geschriebene Text im Christentum nicht den gleichen Status im Verhältnis zur Offenbarung wie im Judentum. Wie bereits festgehalten, basierte die gegenreformatorische katholische Antwort auf den Protestantismus auf dieser Kluft. So argumentierte Bellarmino für den Vorrang der mündlichen Tradition vor dem geschriebenen Testament, da die Botschaft Jesu der Komposition des Neuen Testaments vorausliegen müsse.[6] Damit verschärft sich die Frage, ob der geschriebene Text genau andersherum als im Judentum innerhalb der mündlichen Tradition eingeschlossen werden kann. So wird auch die Gedächtnisfunktion nicht mit dem geschriebenen Text, sondern mit der mündlichen Tradition verbunden. Für den Protestantismus führt die Konzentration auf den geschriebenen Text dann nicht zu einer Wiederanbindung der Gedächtnisfunktion an letzteren. Diese Unterscheidung zwischen Gedächtnis und Schrift wird in der Folge die westlichen Konzeptionen des Gedächtnisses entscheidend prägen.

---

[6] Joseph Ranft, a.a.O., S. 28.

Im Kontext des institutionellen Gedächtnisses können wir nun den sonderbaren Fall eines Missbrauchs der Tradition betrachten, denn Tradition bedeutet hier die Institutionalisierung der Offenbarung, also das Amt des Papstes und die anderen Institutionen der Kirche. Die Überlieferung erfolgt nicht durch eine Reihe von Texten, sondern durch eine Reihe von Institutionen. Es ist diese Kanonisierung einer Institution, die den geschriebenen Text seiner Hauptfunktion, Gedächtnis zu sein, beraubt, da diese Funktion nun der Institution anvertraut ist, der ein heiliges nicht-textuelles institutionelles Gedächtnis zugesprochen wird. Während zudem die jüdische Tradition den Moment der Aktualisierung der Erinnerung bevorzugt, wodurch die Kluft zwischen der ersten und der zweiten Einschreibung zu einem Nebenaspekt für die jüdische Praxis wird, macht die Institutionalisierung der Tradition in Gestalt einer heiligen Kirche die Speicherung des Gedächtnisses zur Hauptfunktion der Tradition. Die Tradition aktualisiert die Offenbarung nicht; diese Funktion ist dem Wunder der Eucharistie vorbehalten. Vielmehr bewahrt die Tradition die Offenbarung, was sie im Judentum genau nicht tut. Die doppelte Offenbarung des Gesetzes im Judentum macht den Moment der Kodifizierung überflüssig, da es nicht darum geht, ob Moses Gott missverstanden hat. Wenn aber jemand die Speicherfunktion angreift, wie Luther dies tat, dann wird die Problematik am Ende zu einer der Kodifizierung der ursprünglichen Offenbarung – war diese akkurat oder nicht? Der Konflikt zwischen der mündlichen und der Schrifttradition einer Religion eröffnet die Möglichkeit von Missverständnis und Missbrauch.

Die Struktur der christlichen Erzählung verlangt nach zwei verschiedenen Kodifizierungen: der der institutionellen Tradition und der des geschriebenen Textes. Die Streitfrage ist, ob die Offenbarung in der einen oder in der anderen Form akkurater kodifiziert wurde. Wie das Judentum löst auch das Mormonentum dieses Problem, indem es den gesamten Text in einen offenbarten Text verwandelt, doch indem es auf solche Weise die Kluft zwischen Erfahrung und Text verringert, löst das Mormonentum die Bindung der Offenbarung an das erzählte Leben, das den Kern der christlichen religiösen Erfahrung ausmacht. Während die Heilsgeschichte der Juden vor der Offenbarung einsetzt, ist die christliche Heilsgeschichte darauf zugeschnitten, mit der Offenbarung zusammenzufallen, indem sie den Unterschied zwischen Leben und Text damit überbrückt, dass sie den Text im Leben verankert und nicht das Leben im Text. Umgekehrt spielt sich die Heilsgeschichte der Mormonen zur Gänze nach der Offenbarung ab.

Die Geschichte des Christentums bietet genügend Anhaltspunkte dafür, dass der Versuch, Text in Leben zu verankern, seinem Wesen nach instabil ist, weil die Tradition der Überlieferung durch Texte und die Tradition institutioneller Überlieferung unterschiedlichen Logiken gehorchen. Das Motiv für den katholischen Impuls, den Text abzuwerten, wird nun deutlich: Es muss verhindert werden, dass die Tradition der Überlieferung durch Texte der Tradition institutioneller Überlieferung widerspricht. Gleichwohl darf man diesen Konflikt nicht schlicht als einen Versuch verstehen, die Institution gegen einen möglichen Widerspruch durch den Text zu schützen, als institutionelles Machtspiel. Der Impuls, die Heiligkeit der institutionellen Tradition zu bewahren, wurzelt in der Struktur der christlichen Erzählung. Der Genius dieser Erzählung besteht darin, die religiöse Erfahrung in der Lebenserfahrung des Gottes verankern zu wollen; daher die Bedeutung solcher Phänomene wie Passionsspiele. Eine solche Verankerung kann nur gelingen, wenn das unsichere Gleichgewicht zwischen Leben und Text gewahrt bleibt, wenn das Leben Gottes als ein Leben verstanden wird, das den Text übersteigt, das in ihm nicht völlig enthalten zusammengefasst ist. Ein ähnlicher Impuls prägt die jüdische Midrasch, die indes nie jenes Maß an Transzendenz erreicht, das dem Leben des christlichen Gottes zugesprochen wird. Ist die institutionelle Tradition einmal abgestreift, steht das Leben Gottes dem Gläubigen, der es rekapitulieren und nacherleben will, nicht mehr zur Verfügung. Die Eucharistie verliert ihre Bedeutung als Teilhabe am Leben des Gottes. Da nun die jüdische Option, die Heilsgeschichte im Text einzuschließen, für ein christliches religiöses Bewusstsein unzureichend ist, wird für einen Protestanten das Leben des Gläubigen zum bedeutsamen Leben, und in dieses Leben wird nun der heilige Text eingeschlossen, wodurch sich die Notwendigkeit einer religiösen Tradition erübrigt, da das Leben des Gläubigen durch Endlichkeit und Diskontinuität definiert ist.

Rein religiös betrachtet, hätte die katholische Kirche die Herausforderung durch den Protestantismus und seine Absicht, die Natur der religiösen Erfahrung neu zu definieren, ignorieren können. Sie entschied sich jedoch, auf dem Konzil von Trient mit einer Neuformulierung ihrer religiösen Rechtfertigungen auf diese Herausforderung zu reagieren. Diese Neuformulierung veränderte ihrerseits das Verhältnis des Katholizismus zu seiner eigenen Tradition, da er nun dazu genötigt war, eine eigene textuelle Logik anzubieten, eine Logik, die seine kanonische Auslegung des Textes als sakrale verteidigen würde. Die Heiligkeit der Institution zu behaupten, reichte nicht mehr aus. Als Reaktion auf die Auffassung, dass nur der Text heilig ist, erweiterte der Katholizismus sein Arsenal um eine an die jüdische Tradition erinnernde Vorstellung, wonach auch die Auslegung des Textes heilig ist. Diese Reaktion hatte den Vorzug, die protestantische Idee einer subjektiven Textauslegung zurückzuweisen, doch schuf sie innerhalb des Katholizismus eine neue Spannung zwischen der autoritativen Auslegung des Textes und der religiösen Lebenserfahrung als Teilhabe im fleischgewordenen Leben des Gottes. Diese Spannung ist bislang noch nicht aufgelöst worden.

Auf der einen Seite spiegelten Phänomene wie der spanische Mystizismus und der Herz-Jesu-Kult die Möglichkeit einer religiösen Lebenserfahrung wider, die nicht vom Text abhängt. Auf der anderen Seite entwickelte sich die philosophische Tradition zu einer wesentlich wichtigeren Legitimationsquelle für die Religion. Die institutionelle Konzeption der Tradition wurde zu einer Auffassung der Tradition als philosophischer Tradition ausgebaut, wobei Kategorien und Begriffe von Tradition, die ursprünglich für nicht-textuelle religiöse Phänomene entwickelt worden waren, auf eine Tradition der Überlieferung von Texten Anwendung fanden. Es sollte klar sein, dass die autoritative Natur der philosophischen Tradition im Katholizismus nicht die gleiche ist wie die autoritative Natur der Halacha. Nicht nur ist der Inhalt dieser Tradition nicht normativ, ihre Legitimität ist unzweideutig post-textuell.

Diese Entwicklung fand nicht mit einem Mal auf dem Konzil von Trient statt. Abgeschlossen wurde sie erst mit der Verkündung von *Aeterni Patris* durch Papst Leo XIII. im Jahre 1879. Die Frage, warum dieser Prozess im 19. Jahrhundert so zähflüssig verlief, mag ihre Antwort sehr wohl in dem Umstand finden, dass der Hauptgesprächspartner der Kirche wechselte: Im 19. Jahrhundert griff die Kirche nämlich nicht auf die Tradition zurück, um sich gegen den Protestantismus, sondern um sich gegen die Naturwissenschaft zu verteidigen. Diesem Unterfangen diente eine Tradition, die als Tradition rationaler und philosophischer Texte verstanden wurde, besser als eine auf institutioneller Legitimität fußende Tradition. Der katholische Dialog mit der katholischen Tradition meinte also am Ende des 19. Jahrhunderts den Dialog mit der scholastischen Philosophie. Auf der Grundlage dieser Neufassung sowohl der Begriffe als auch der Funktionsweise der Tradition fiel es dem Katholizismus in mancherlei Hinsicht leichter, die Herausforderung des modernen Säkularismus anzunehmen, als dem Protestantismus. Das Beispiel Pierre Duhems zeigt, wie ein Wissenschaftshistoriker sein Studienobjekt problemlos im Rahmen einer katholischen Wissenseschatologie – für die wissenschaftliches Wissen sich langsam der großen, vom hl. Thomas von Aquin entworfenen Konzeption des Verhältnisses von Vernunft und Offenbarung annähert – untersuchen konnte.[7]

Diese philosophische Tradition sollten wir in zweierlei Hinsicht betrachten: was ihr Verhältnis zum Text und was ihr Verhältnis zu dem betrifft, das wir Leben genannt haben, also dem Leben des Gottes. Entscheidend an ihrem Verhältnis zum Text ist, dass diese Tradition sich relativ wenig mit der Bibel beschäftigt. Die Neuscholastik befasst sich sogar noch weniger mit dem Text der

---

[7] Gabriel Motzkin, „The Catholic Response to Secularization and the Rise of the History of Science as a Discipline", in: *Science in Context*, Bd. 3, Heft 1, Cambridge 1989, S. 203-226.

Bibel als die Scholastik, da es ihr nicht um den Vergleich von Bibel und griechischer Philosophie geht, sondern um das Studium der Texte der Scholastiker. So ist also die Tradition der Interpretation einmal mehr nicht in der Autorität *des* Textes gegründet, obwohl sie selbst eine Tradition von Texten ist. Auch ist die Art und Weise, wie diese Tradition Text studiert, nicht rein normativ, sondern eine Mischung aus historischer Gelehrsamkeit und einem Gefühl dafür, dass diese Tradition religiöse Wahrheit in sich schließt. Eine philosophische Tradition in eine katholische umzuformen bzw. einen Begriff von Tradition auf den Korpus philosophisch-religiöser Texte anzuwenden, führt so dazu, dass sich die Tradition der Textauslegung von ihrer Basis befreit und zum Paradigma einer unabhängigen Tradition der Interpretation wird. So kann sie zwar gut auf die Herausforderung des wissenschaftlichen Säkularismus reagieren, aber dies liegt bis zu einem gewissen Grad daran, dass sich ihre Methoden nicht so sehr von denen ihrer Herausforderer unterscheiden.

Die zweite Frage betraf das funktionale Verhältnis zwischen einer Tradition wie der erneuerten Scholastik und dem Leben ihres Gottes, Jesus. Die Antwort auf diese Frage hat zwei Aspekte: die philosophische Interpretation der Rolle des Sohnes in der neuscholastischen Tradition und das Verhältnis zu dem, was wir das Leben des Gottes genannt haben. Was den ersten Aspekt betrifft, kann man sehr wohl behaupten, dass die Wiedergeburt der scholastischen Philosophie in der Neuscholastik die relative Bedeutung der Inkarnation geschmälert hat, da die philosophische Erörterung der Dreifaltigkeit häufig eher im Zusammenhang mit dem Vater oder dem Heiligen Geist steht. Man muss sich nur die Diskussionen anschauen, die im 20. Jahrhundert über die mittelalterliche Logik der Partizipation oder den Einfluss des Neoplatonismus auf die mittelalterlichen Auffassungen der Dreifaltigkeit geführt wurden, um zu sehen, wie weit deren theologische Annahmen vom Heiligen Herzen Jesu entfernt sind.

Dies führt zum zweiten Aspekt der Frage, dem Verhältnis der Philosophie zur Heilsgeschichte innerhalb der Tradition. Weiter oben haben wir argumentiert, dass die Rechtfertigung der Institution in der Erzählung des heiligen Lebens verankert wurde und nicht im heiligen Text. So konnte die Institution Vorrang vor dem Text beanspruchen. Andersherum betrachtet, konnte sich die Institution so auch in einen synekdochalen Ersatz für das heilige Leben verwandeln: Es reichte aus, sein Leben im Rahmen der Kirche und ihrer heiligen Weihen zu leben, um das heilige Leben mitzuvollziehen. So wurde die Institution dem heiligen Leben des Gottes assimiliert.

Als Folge der philosophischen Rekonzeptualisierung der Tradition werden die Verbindungen zwischen Kirche und Heilsgeschichte brüchig, weil sich die Grenzen zwischen institutioneller und philosophischer Tradition verwischen. Während die philosophische Tradition die Inhalte der institutionellen Tradition rationalisiert, macht sie überdies die Kirche vom Leben des Gottes unabhängiger, weil nun die Grundlage religiöser Erfahrung auf der Grundlage einer Tradition der Interpretation verstanden wird. Tatsächlich wird nun das Gelehrtenleben als eine legitime Form des Nachvollzugs verstanden. Folglich nimmt die relative Bedeutung der Heilsgeschichte ab. Dieses Phänomen kann jedoch nicht von Dauer sein. Die Heilsgeschichte ist eine zu wichtige Grundlage, um allzu lange als die Quelle der Tradition vernachlässigt zu werden.

Der Katholizismus kann sich nicht auf einer post-textuellen Grundlage neu denken, ohne dass sich eine Kluft zwischen der post-textuellen Tradition der Interpretation und dem Nachvollzug der Heilsgeschichte auftut, eine Kluft, die im Leben der Kirche spürbar ist. Die Frage lautet, ob eine Rückkehr zur Heilsgeschichte möglich ist, nachdem sich die Auslegungstradition einmal von ihr emanzipiert hat. Im Judentum hat es Versuche gegeben, hinter die Halacha zur Tora zurückzukehren. Metaphorisch gesprochen, haben diese Versuche aber nie darauf gezielt, hinter das Gesetz zum göttlichen Akt seiner ersten Niederschrift zu gelangen. In *Religion der Vernunft aus den Quellen des Judentums* bewies Herman Cohen ein intuitives Gespür für diesen Zusammenhang, als er zu argumentieren schien, dass Gesetzmäßigkeit der Formulierung des Gesetzes vorausgeht.[8] Auch im Judentum könnte ein radikaler philosophischer Impuls zu einem Neudenken der Heilsgeschichte führen. Doch wird das Gespräch im Judentum nicht mit der ersten Niederschrift geführt, mit dem Gesetz hinter dem Gesetz. Dies liegt zum Teil daran, dass der Verlust der ersten Einschreibung unwiederbringlich ist. Nur das mündliche Gesetz vermag es, hinter die zweite Einschreibung zurückzugehen, doch ist es auf alle Zeiten zwischen den beiden Einschreibungen angesiedelt.

Während sich so der religiöse Dialog im Judentum um seiner Normativität willen auf dessen Basis beziehen muss, kann er daraus gerade keine Begründung gewinnen. Würde das Judentum diese Basis durchdringen wollen, müsste es nämlich seine eigene transzendente Basis thematisieren, was es weder auf der Grundlage von Nachvollzug noch auf der von Interpretation tun kann. Diese Abwesenheit würde eine Strategie der Transzendenz erfordern. Das Christentum „transzendierte" das Gesetz tatsächlich, aber es tat dies allein auf der Grundlage des heiligen Lebens, d.h. der Inkarnation seines transzendenten Gründungsaktes. So ist der christliche Nachvollzug nicht der Nachvollzug einer Erinnerung, sondern der einer Biographie. Während sich die Tradition im Judentum zu dessen Gedächtnis ins Verhältnis setzt, tut sie dies im Christentum zu dessen Gründungsakt. Philosophische Interpretation ist auch eine Interpreta-

---

[8] Herman Cohen, *Religion der Vernunft aus den Quellen des Judentums*, Darmstadt [2]1966.

tion der Bedeutung von „Gründung"; daher die schon in der Antike verankerte philosophische Auslegung des Wesens der Dreifaltigkeit. Auf der Grundlage der Inkarnation ist es dem Christen erlaubt, die Auferstehung nachzuvollziehen und zu erfahren, auf der Grundlage von Gottes Immanenz nach der Bedeutung seiner Transzendenz zu fragen. Auf diese Weise bewahrt die katholische philosophische Tradition die Grundzüge einer als Offenbarungstradition verstandenen Tradition. Dem Juden ist es verwehrt, mit Moses auf den Sinai zu steigen. Deshalb muss der Jude seine eigene Immanenz, sein Leben, in Bezug auf Gottes Transzendenz definieren. Genau darum bemüht sich seine religiöse Tradition. Der Protestant schließlich ist genötigt, sein eigenes Leben als transzendentes zu verstehen, was stark an Heideggers Konzeption der menschlichen Existenz in *Sein und Zeit* erinnert. Weil das individuelle religiöse Leben für den konsequenten Protestanten transzendental gegründet ist, wird die Erfahrung seiner eigenen religiösen Tradition zur Erfahrung einer Religion, die letztlich im individuellen Leben eingeschlossen ist.

Aus dem Englischen von Michael Adrian

Der Dialog der Religionen und das Verhältnis jeder Religion zu ihrer eigenen Tradition

VON LUDGER HONNEFELDER

Zu den besonderen Kennzeichen einer Religion gehört das Verhältnis zu der ihr eigenen Überlieferung. Dieses Verhältnis bestimmt nicht nur die Weise des eigenen Geltungsanspruchs, es ist auch der Maßstab für die Beziehung einer Religion zu anderen Religionen. Im Folgenden möchte ich diesem Zusammenhang für die christliche Religion nachgehen, und zwar für die christliche Religion in ihrer römisch-katholischen Gestalt. Dabei nehme ich nicht die Perspektive des Theologen, sondern die des Philosophen ein, und zwar des Philosophen, der an der Art der Rationalität interessiert ist, durch die die christliche Religion und ihr Verhältnis zur eigenen Überlieferung bestimmt sind.

Zwei Fragen sollen dabei im Vordergrund stehen, nämlich zum einen in welcher Art sich das Verhältnis einer Religion zu ihrer Überlieferung darstellt, wenn sie sich selbst – wie die christliche Religion – als eine Religion versteht, die auf göttlicher Offenbarung beruht, zum anderen was aus der Art dieses Verhältnisses für den Dialog zwischen den Religionen und Kulturen folgt.

Zur Beantwortung der ersten Frage möchte ich in fünf Thesen die Aspekte skizzieren, die nach meinem Dafürhalten für die Beziehung des Christentums zu seiner Überlieferung von Bedeutung sind. Dabei beziehe ich mich vor allem auf die Auslegung in der Perspektive der katholischen Theologie, ohne dabei einen bestimmten systematischen Ansatz zu verfolgen. Lässt sich das Ergebnis verallgemeinern, dann können – wie ich abschließend zeigen möchte – aus der Weise der Beziehung einer Religion auf ihre Überlieferung gewisse Konsequenzen für den Dialog der Religionen und Kulturen miteinander gezogen werden.

I. Zur anthropologischen Bedeutung von *Tradition*

Zuvor möchte ich auf die Bedeutung eingehen, die dem Phänomen der *Tradition* aus Sicht der Philosophischen Anthropologie zukommt. Ohne Zweifel – so besagen die anthropologischen Theorien – muss das Phänomen der *Tradition* als ein besonderes Kennzeichen der *conditio humana* betrachtet werden, denn es ist die *Tradition*, durch den eine Kultur ihre Stärke gewinnt und ihr Fortbestehen sichert. *Kultur* aber ist für das Gelingen menschlichen Lebens unverzichtbar, weil der Mensch sein Leben nicht einfach leben kann wie andere Lebewesen, vielmehr sein Leben *führen* muss. Von Natur aus – so besagt das anthropologische Grundgesetz der „natürlichen Künstlichkeit" (H. Plessner) – ist der Mensch gezwungen, Kultur hervorzubringen als jene Gestalt der Verkörperung, in der allein er zu überleben und sinnvoll zu leben vermag. Als ein Artefakt aber ist Kultur eine fragile Größe, die nicht von Natur aus ihre Geltung gewinnt und bewahrt, sondern die der Aufrechterhaltung durch *Tradition* bedarf. Es ist die Tradition, die für die Stabilität der Handlungsmuster und der ihnen zugrunde liegenden Einstellungen und Wertüberzeugungen sorgt, und es sind diese Muster und Einstellungen, die den Entwurf des gelungenen Lebens bestimmen, der für eine gegebene Gesellschaft charakteristisch ist und der den Kontext darstellt, in dem der Einzelne allererst seine personale Identität zu gewinnen vermag. Zur Tradition gehört deshalb eine institutionalisierte Form der Erziehung und Bildung, durch die die prägenden Muster und Einstellungen mit dem Anspruch auf Anerkennung und Konformität an die folgende Generation weitergegeben werden.

II. Die Beziehung der christlichen Religion zu ihrer Tradition

Damit ist der anthropologische Sinnzusammenhang skizziert, in den auch die Überlieferung der zu einer Kultur gehörenden Religion einzuordnen ist, wobei – am Beispiel der christlichen Religion in ihrer römisch-katholischen Gestalt – zu fragen ist, welche spezifische Rolle innerhalb des kulturellen Überlieferungsprozesses der Religion bzw. den Religionen zukommt.

(a) Erste These: Tradition und Offenbarung

Folgt man dem Selbstverständnis von Religionen wie der des Christentums, so liegt es nahe, der Tradition vor allem in denjenigen Religionen eine zentrale und spezifische Rolle zuzuordnen, die sich als *Religionen der Offenbarung* verstehen, stellt doch Tradition in diesen Religionen zuallererst die Überlieferung der göttlichen Offenbarung dar, die an die Gemeinschaft der Glaubenden ergangen ist. Hat aber die Offenbarung nichts weniger zum Inhalt als das Heil des Menschen und ist ihr möglicher Adressat dem Willen ihres Urhebers entsprechend jeder Mensch, der sie zu hören und im Glauben anzunehmen bereit ist, dann ist Tradition die Aktivität der Glaubenden, die dem im Wesen der Offenbarung gelegenen Auftrag entspricht, sie an jeden weiterzugeben, der sie zu hören und anzunehmen vermag. Ihrem Selbstverständnis nach ist christliche Religion – so die Formulierung Karl Rahners – eine Selbstoffenbarung Gottes, deren Ziel die Erlösung, d.h. die Vollendung aller Menschen ist. Unter diesem Gesichtspunkt ist *Tradition* ein notwendiger Bestandteil von Offenbarung und folglich ein unaufgebbarer Teil einer auf Offenbarung sich gründenden Religion.

Dabei sind freilich zwei Aspekte zu beachten: Wenn Tradition ihre Bedeutung durch göttliche Autorität erhält, ist ihre eigene Autorität eine *abgeleitete, entliehene* Autorität, nicht eine solche eigenen (menschlichen) Rechts. Sie bleibt rückgebunden an den sich offenbarenden Gott, der selbst noch einmal seine eigene, in menschlicher Sprache ergangene Offenbarung übersteigt und auch im Modus der Offenbarung ein für den Menschen unverfügbares Geheimnis bleibt. Er ist nicht ein Gott unter anderen Göttern, sondern der eine universale Gott, der zugleich der Gott der Offenbarung und der Schöpfer aller Menschen ist.

Das aber bedeutet, dass die christliche Überlieferung nach ihrem eigenen Verständnis unter einem bleibenden kritischen Vorbehalt steht. Ihr Anspruch auf Autorität und Konformität und ihre Kritik der sie umgebenden Kulturen und Religionen ist nur dann gerechtfertigt, wenn sie sich selbst uneingeschränkt der Kritik der Botschaft unterwirft, die sie verkündet.

(b) Zweite These: Tradition und Erlösung

Folgt man dem angedeuteten Selbstverständnis der christlichen Religion, dann muss die Tradition ihrerseits als ein Teil der Heilsgeschichte verstanden werden, deren Urheber der sich selbst offenbarende Gott ist. Tradition erscheint damit als Instrument der von Gott geschenkten Vollendung des Menschen. Nach Plessner gehört zu den drei Grundgesetzen der *conditio humana* als drittes Grundgesetz das der „Theomorphie bzw. des utopischen Standorts“. Damit ist nicht nur die Abhängigkeit gemeint, die das zweite der anthropologischen Grundgesetze, nämlich das der „vermittelten Unmittelbarkeit“ zum Ausdruck bringt und die besagt, dass der Mensch sich nur vermittelt über anderes und andere zu finden vermag. Denn der Struktureigentümlichkeit der „exzentrischen Positionalität“ des Menschen entspricht es, dass er um seine eigene Nichtigkeit und Fragilität weiß und damit jene Spannung erfährt, die ihn veranlasst, sich über ein Gegenüber auszulegen und zu finden, der den Charakter eines *absoluten Anderen* hat und dessen Macht alles andere übersteigt.

(c) Dritte These: Tradition und Glauben

Dem skizzierten Selbstverständnis der christlichen Religion gemäß verbindet sich die Tradition göttlichen Ursprung mit menschlicher Tätigkeit. Sie ist grundlegend bestimmt durch die Interdependenz von *Offenbarung und Glauben. Glaube* aber ist zu verstehen als der freie Akt, durch den der Mensch als – um erneut Rahners Formulierung zu brauchen – „Hörer des Wortes” die Offenbarungsbotschaft als Gottes Wort erkennt und anerkennt, denn die absolute Wahrheit vermag ihre Gültigkeit nur über die freie Annahme durch das glaubende Subjekt zu gewinnen. Ist aber das Urteil im *Gewissen* des Einzelnen die subjektive Form, in der er sich an die als objektiv erkannte Wahrheit *bindet*, dann kommt der *Freiheit für die Bindung durch das Gewissensurteil* eine besondere Bedeutung zu, selbst wenn das Urteil objektiv irrig ist wie im Fall des Heiden, der nach Thomas von Aquin[1] auch dann durch sein Gewissensurteil gebunden ist, wenn es ihm den Glauben an Jesus als den Christus Gottes als eine moralisch verwerfliche Wahrheit vorstellt.

(d) Vierte These: Tradition als hermeneutischer Prozess

Da nach dem skizzierten Selbstverständnis der christlichen Religion Gottes erlösende Tat in *Geschichte* und *Sprache* ergeht, ist auch die Tradition ein Prozess von Erzählen, Auslegen und Verstehen (*narratio*, *interpretatio* and *intellectus*). Nach Hans Georg Gadamers Theorie der Hermeneutik ist die religiöse Tradition nicht nur ihrer Natur nach ein hermeneutischer Prozess, sondern das Paradigma eines solchen Prozesses schlechthin.

(e) Fünfte These: Tradition und die Hierarchie der Wahrheiten

Ist die Tradition, die für die christliche Religion charakteristisch ist, durch die voraufgehenden Thesen zutreffend skizziert worden ist, dann kann ihr Inhalt nicht einfach als eine Ansammlung von unzweifelhaft wahren Sätzen und Normen, sondern nur als ein in sich gegliedertes Ganzes verstanden werden. Ein solches strukturiertes Ganzes aber impliziert, dass zwischen zentralen und notwendigen Aussagen auf der einen und abgeleiteten und kontingenten Aussagen auf der anderen Seite unterschieden werden kann und muss. In diesem Sinn spricht das Zweite Vatikanische Konzil im *Dekret über den Ökumenismus* von einer „hierarchia veritatum“. Diese Hierarchie der Wahrheiten ist die Grundlage für die Annahme einer legitimen Pluralität der Religionen und die Anerkennung einer historisch gewordenen Vielheit und Verschiedenheit christlicher Kirchenbildung.

Als Beispiele für die Annahme einer Hierarchie von Wahrheiten kann auch die *Gesetzeshierarchie* betrachtet werden, wie sie Thomas von Aquin in seinem Traktat über das Gesetz in der Summa Theologiae[2] entwickelt, sowie die Kriteriologie, die die katholische Theologie seit dem Mittelalter gebraucht, um verschiedene Grade der Verbindlichkeit religiöser Wahrheiten zu unterscheiden, und die von der Klassifizierung einer Aussage als „de fide definita“ bis zu der als „sententia probabilis“ bzw. „sententia pia“ reicht. Gerade diese Kriteriologie

---

[1] Thomas von Aquin, *Summa Theologiae* I-II q.19 a.5-6.

[2] Thomas von Aquin, *Summa Theologiae* I-II qq.90 ff.

der Autorität zeigt, wie sehr Tradition ein gegliedertes dynamisches Ganzes ist, das von der Interpretation lebt und das die Möglichkeit einer Entwicklung kennt, und zwar einer solchen, die die Identität nicht preisgibt. Auch die katholische Lehre von der „Unfehlbarkeit der Kirche" gewinnt in diesem Kontext ihre Bedeutung.

III. Religion und Tradition: Implikationen und Konsequenzen

(a) Religion und Tradition

Ziehen wir aus dem Gesagten ein kurzes Resümee und halten die wichtigsten Aspekte fest, die für die Beziehung der christlichen Religion zu ihrer Tradition charakteristisch sind:

- Religiöse Tradition besitzt eine göttliche Autorität; doch besitzt sie diese Autorität nur in Ableitung von ihrem göttlichen Ursprung.
- Sie enthält eine Botschaft, deren Anspruch zugleich partikular und universal ist, weil er sich auf den Gott einer in besonderer Weise ergangenen Offenbarung bezieht, der zugleich der Schöpfer des Universums und aller Menschen ist.
- Die Tradition richtet sich unmittelbar an die Glaubenden, ihre Bedeutung aber bezieht sich auf alle Menschen.
- Sie ist Ausdruck absoluter Wahrheit, die aber als sie selbst transzendent bleibt.
- Sie bringt eine objektive Wahrheit zum Ausdruck, die sich jedoch nur über den subjektiven Glauben zur Geltung bringt.
- Sie enthält eine Geschichte von umfassender Bedeutung, ist aber ihrer Gestalt nach ein konkret historisch und hermeneutischer Prozess.
- Tradition stellt ein Ganzes dar, das gleichwohl als in sich selbst differenziert und strukturiert erscheint.
- Sie bewahrt ihre Identität, verändert sich aber in der Weise ihrer Vermittlung.

Insgesamt bleibt festzuhalten, dass der *Dialog mit der eigenen Tradition* als ein inhärentes und notwendiges Element religiöser Tradition betrachtet werden muss, zumindest im Blick auf das beschriebene Verständnis von Religion. Das aber bedeutet, dass die Beziehung, die eine Religion mit ihrer Tradition verbindet, als in sich selbst *reflexiv* gedacht werden muss. Konformität mit der Tradition ist gegründet auf Glauben. Glaube aber setzt Verstehen bzw. Einsicht und

Freiheit voraus; er ist ein „vernünftiger Gehorsam“ (*obsequium rationabile*), den der Glaubende jederzeit zu rechtfertigen bereit sein muss.[3]

Dies führt zu einer Schlussfolgerung und zu einer Frage: Als Schlussfolgerung drängt sich die Feststellung auf, dass Tradition in Offenbarungsreligionen notwendigerweise Elemente theologischer Reflexion einschließt. Die Frage bezieht sich darauf, ob und in welchem Maß diese Feststellung auf Religionen und kulturelle Traditionen im Allgemeinen zutrifft.

(b) Implikationen und Konsequenzen

Ist diese Frage zu bejahen, dann kann uns die religiöse Tradition des beschriebenen Typs einige Hinweise im Blick auf die leitende Fragestellung geben:

- Religiöse Traditionen des beschriebenen Typs stellen einen spezifischen Bezug auf die Gesamtheit der Welt her, verbieten aber zugleich, diese Totalität und ihren göttlichen Ursprung mit einer gegenständlichen Größe unserer Welt zu identifizieren. Religiöse Traditionen erinnern daran, dass die Transzendenz der Totalität, auf die sich Menschen in Form der Religion beziehen, jede Form von Totalitarismus abweisen und verbieten muss, selbst eine Form von Totalitarismus, die die verheißene Gottesherrschaft mit der universalen Kirche identifiziert.
- Religiöse Traditionen erinnern ferner daran, dass die Ausbildung individueller personaler Identität in jeder Hinsicht vermittelt ist und dass jede Gestalt solcher Vermittlung defizient und fragil bleibt. Definitive Identität – so wird deutlich – ist nur in Vermittlung über einen „absoluten Anderen", also über etwas möglich, das menschliche Leistung übersteigt und Gegenstand von Hoffnung und religiösem Glauben ist.
- Religiöse Traditionen erinnern daran, dass Glauben Dignität und Wert deshalb besitzt, weil er sich auf objektive und definitive Wahrheit bezieht, dass sich aber diese objektive und definitive Wahrheit nur in subjektiver Vermittlung durch Zeugnis und Glaube erschließt und damit auf den bleibenden transzendenten Ursprung dieser Wahrheit verweist. Der komplexe Prozess der Vermittlung und seine geschichtliche und hermeneutische Natur sind nicht überspringbar und stellen eine konstituierende Bedingung für den Zugang zu allen existentiell bedeutsamen Wahrheiten dar.
- Religiöse Traditionen erinnern daran, dass der Glaube an bestimmte theoretische und praktische Wahrheiten Glaube an eine Gesamtheit ist, die ihrerseits einen komplexen und in sich differenzierten Zusammenhang darstellt. Die innere Hierarchie dieses Kontexts erlaubt einen kritischen Rekurs bezüglich der

[3] 1 Petr 3,15.

Teile in Bezug auf das Ganze und umgekehrt. Sie öffnet den Weg für eine dynamische Entwicklung und erzeugt die Offenheit, die eine Vielheit und Verschiedenheit von Glaubensüberzeugungen akzeptieren lässt.

IV. Schlussbemerkung

Viele Kommentare im Zusammenhang des mit dem Angriff vom 11. September 2001 einsetzenden neuen Terrorismus haben religiöse Traditionen als eine Größe erscheinen lassen, die den Dialog der Religionen und Kulturen um so mehr verhindert, je strikter sie beachtet und gelebt wird. Der Blick auf den Kern der Beziehung zwischen der Religion und ihrer Tradition zeigt jedoch das Gegenteil. Je mehr eine Religion sich ihrer eigenen Tradition reflexiv und kritisch vergewissert, um so mehr wird sie für den Dialog mit anderen Religionen und Kulturen fähig sein.

V. Literaturhinweise

- Gadamer, Hans Georg, *Wahrheit und Methode. Grundzüge einer philosophischen Hermeneutik*, 2. A., Tübingen 1965.
- Plessner, Helmut, *Zur Frage nach der Conditio humana. Aufsätze zur philosophischen Anthropologie*, Frankfurt/Main 1976.
- Rahner, Karl, *Hörer des Wortes. Zur Grundlegung einer Religionsphilosophie*, 2. A., München 1963.
- Honnefelder, Ludger/Lutz-Bachmann, Matthias, „Philosophie und Theologie. Eine Einführung“, in: L. Honnefelder/G. Krieger (Hrsg.), *Philosophische Propädeutik*, Bd. 1: Sprache und Erkenntnis, Paderborn/München/Wien/Zürich 1994.

Autorenverzeichnis

Audi, Robert
Professor für Philosophie und David E. Gallo Professor of Business Ethics der University of Notre Dame, USA. Forschungsschwerpunkte: Erkenntnistheorie, Ethik und angewandte Ethik, Handlungstheorie, politische Philosophie und Religionsphilosophie.

Honnefelder, Ludger
Professor em. für Philosophie am Philosophischen Seminar der Universität Bonn und Inhaber der Romano Guardini-Professur an der Humboldt-Universität Berlin. Forschungsschwerpunkte: Metaphysik, Angewandte Ethik; Mittelalterliche Philosophie und ihre Wirkungsgeschichte.

Jung, Matthias
Apl. Professor am Max-Weber-Kolleg für kultur- und sozialwissenschaftliche Studien der Universität Erfurt und am Institut für Philosophie der Johann Wolfgang Goethe-Universität, Frankfurt am Main. Forschungsschwerpunkte: Hermeneutik und Pragmatismus, Religionsphilosophie, philosophische Anthropologie.

Kassis, Hanna
Professor em. am Department of Classical, Near Eastern and Religious Studies der University of British Columbia, Vancouver, USA. Forschungsschwerpunkte: Islamische Studien, vor allem spanischer und nordafrikanischer Islam des 11.-13. Jahrhunderts.

Krech, Volkhard
Professor für Religionswissenschaft der Ruhr-Universität Bochum. Forschungsschwerpunkte: Religionswissenschaft und Religionssoziologie.

Lutz-Bachmann, Matthias
Professor für Philosophie am Institut für Philosophie der Johann Wolfgang Goethe-Universität, Frankfurt am Main. Forschungsschwerpunkte: Philosophie des Mittelalters und ihrer Wirkungsgeschichte, Praktische Philosophie, insbesondere Ethik und Politische Philosophie, Religionsphilosophie, Kant, Kritische Theorie.

Motzkin, Gabriel
Professor für Philosophie der Faculty of Humanities der Hebrew University of Jerusalem, Israel. Forschungsschwerpunkte: Ideengeschichte, Religionsgeschichte, vor allem Katholizismus und historisches Denken.

Neville, Robert
Professor für Philosophie, Religion und Theologie am Department of Religion Faculty der Boston University, USA. Forschungsschwerpunkte: Metaphysik, Religionsphilosophie, amerikanische Philosophie, vergleichende Philosophie.

Ricken, Friedo
Professor em. für Philosophie an der Hochschule für Philosophie München. Forschungsschwerpunkte: Ethik, Antike Philosophie, Religionsphilosophie.

Schmidt, Thomas M.
Professor für Religionsphilosophie am Fachbereich Katholische Theologie und Geschäftsführender Direktor des Instituts für Religionsphilosophische Forschung der Johann Wolfgang Goethe-Universität, Frankfurt am Main. Forschungsschwerpunkte: Religionsphilosophie und politische Philosophie.